高校思想政治教育理论及践行问题研究

隆 麒 著

北京工业大学出版社

图书在版编目（CIP）数据

高校思想政治教育理论及践行问题研究 / 隆麒著. —北京 ：北京工业大学出版社，2021.5
ISBN 978-7-5639-8013-0

Ⅰ. ①高… Ⅱ. ①隆… Ⅲ. ①高等学校－思想政治教育－教学研究－中国 Ⅳ. ①G641

中国版本图书馆 CIP 数据核字（2021）第 109467 号

高校思想政治教育理论及践行问题研究
GAOXIAO SIXIANG ZHENGZHI JIAOYU LILUN JI JIANXING WENTI YANJIU

著　　者：隆　麒
责任编辑：张　贤
封面设计：知更壹点
出版发行：北京工业大学出版社
（北京市朝阳区平乐园 100 号　邮编：100124）
010-67391722（传真）　bgdcbs@sina.com
经销单位：全国各地新华书店
承印单位：天津和萱印刷有限公司
开　　本：710 毫米 ×1000 毫米　1/16
印　　张：9.5
字　　数：190 千字
版　　次：2022 年 5 月第 1 版
印　　次：2022 年 5 月第 1 次印刷
标准书号：ISBN 978-7-5639-8013-0
定　　价：60.00 元

作者简介

隆麒，男，1981年8月出生，湖南邵阳人。电子科技大学工商管理专业硕士研究生，现任电子科技大学中山学院机电工程学院党总支书记。多年来一直从事大学生思想政治教育工作，坚持以良好的德行和正确的价值观去潜移默化地影响、感染学生，引导学生“亲其师，信其道，乐其教”，积极推动师生之间“彼此成就、共同成长”目标的实现。近年主持广东省教育厅课题1项、中山市社科规划课题2项。陆续获得全国大中专学生志愿者暑期三下乡社会实践活动先进个人、广东省学生工作先进个人、广东省优秀团干部、广东省大中专学生志愿者暑期三下乡社会实践活动先进个人、中山市优秀党员、中山市优秀教师、中山市优秀团干部等10余项市级以上荣誉称号。

前　言

我国高等教育肩负着培养德智体美全面发展的社会主义事业建设者和接班人的重大任务，必须坚持正确的政治方向，其发展要同我国社会发展的现实目标和未来方向紧密联系在一起，为人民服务，为中国共产党治国理政服务，为巩固和发展中国特色社会主义制度服务，为改革开放和社会主义现代化建设服务。高校立身之本在于立德树人。高校思想政治工作必须坚持以马克思主义为指导，全面贯彻党的教育方针，要围绕学生、关照学生、服务学生，要因事而化、因时而进、因势而新，要遵循思想政治工作规律、教书育人规律、学生成长规律。在新时代，高校思想政治教育工作者应不断拓展思路、加强学习，厚植理想信念，深入推动新时代高校思想政治教育理论与实践的创新发展，不断提高高校思想政治教育的亲和力、实效性。

本书共八章。第一章为绪论，主要阐述了思想政治教育的作用、功能、发展历程以及高校思想政治教育的功能和意义等内容；第二章为高校思想政治教育的主要特征与现状，主要阐述了高校思想政治教育的主要特征与现状等内容；第三章为高校思想政治教育的基础理论，主要阐述了高校思想政治教育的内涵、作用、内容与任务等内容；第四章为高校思想政治教育的前沿问题，主要阐述了高校思想政治教育的科学化、要素的系统分析与方法创新等内容；第五章为高校思想政治教育面临的时代性问题，主要阐述了我国高校思想政治教育面临的形势变化、新媒体对我国高校思想政治教育的影响等内容；第六章为高校思想政治教育对大学生精神动力的培育实践，主要阐述了高校思想政治教育视域下激发大学生精神动力的途径与措施等内容；第七章为高校思想政治教育接受的理想状态，主要阐述了高校思想政治教育接受理想状态的实现路径等内容；第八章为高校思想政治教育中的文化融入实践，主要阐述了高校思想政治教育的文化底蕴、文化融入的影响因素与文化融入的实现路径等内容。

为了确保研究内容的丰富性和多样性，笔者在写作过程中参考了大量理论与研究文献，在此向涉及的专家、学者表示衷心的感谢。

最后，由于笔者水平有限，加之时间仓促，本书难免存在一些疏漏和不足之处，在此恳请同行专家和读者朋友批评指正！

目　　录

第一章 绪 论

思想政治教育可以说是一项培养和发展人的实践活动。最初设计这个学科就是为了培养全社会发展所需要的全面的人，因此具有独特的意义，不可缺少。马克思列宁主义、毛泽东思想、邓小平理论、“三个代表”重要思想、科学发展观和习近平新时代中国特色社会主义思想是每个时代的理论精华，也是高校思想政治教育的理论基础。高校开展思想政治教育的根本目的就是提高大学生认识、改造世界的能力，而这主要是通过马克思主义的“三观”教育，即世界观、人生观和价值观教育来实现的。大学生思想政治教育的根本任务就是为社会主义建设事业培养“四有”新人，即培养有理想、有道德、有文化、有纪律的人才。

第一节 思想政治教育的作用与功能

一、思想政治教育的作用

（一）促进人的全面发展

社会的本质和人的本质是一致的，个人与社会在实践中实现统一。习近平总书记指出：“教育兴则国家兴，教育强则国家强”，教育是培养肩负中华民族伟大复兴重任接班人的重要途径。教育可以提高人的劳动能力，消除由于分工对人的发展造成的局限，为人的身心发展提供必要条件。孔子曾提出“有教无类”的主张，认为人人都有接受教育的权利，只有将教育普及化、大众化，国民素质才能得到普遍提高。正所谓“百年大计，教育为本”，人作为教育的产物如果不接受思想政治教育，可能会永远停留在愚昧落后的未经开发的状态。要促进人的全面发展，必须发挥思想政治教育的基础性和先导性作用，利用人口数量多的优势，化人口负担为人才储备。

（二）增强文化自信

文化与教育相互依存、互为基础。教育是民族传承的基本载体，是精神培育和文化继承的重要渠道，一个国家、一个民族的强盛总是以文化兴盛为支撑的，历史和实践也反复印证了“人才资源是第一资源，是国家核心竞争力之所在”这一重要论断。我国将人才战略上升为国家重点战略，从娃娃抓起，优先发展教育，大力推动教育内涵式发展。教育作为国家一项重要的事业，它的核心作用在于价值塑造。我们要以教育自信树立道路自信、理论自信、制度自信和文化自信，要通过思想政治教育来增强文化自信，提高文化软实力，要加强对人民的信念教育，坚定人民对中华民族优秀传统文化的信仰。

进入新时代，人民群众对精神生活有了更高的追求。思想政治教育在本质上是关于“人”的工作，对于这一重大转变，思想政治教育的主题也应随之调整，不仅要满足人的精神需求，还要给予人们正确的思想引导。要做好主流价值观的引导工作，将社会主义核心价值观作为解决问题、消除矛盾的行动指南，帮助人民正确认识“美好生活”并“撸起袖子加油干”，在美好的时代里积极创造属于自己的“美好生活”。党和国家要把握好思想政治教育这一生命线，立足新时代，适应新环境，满足新要求，带领人民群众努力奋斗，继续推进共产主义伟大事业走向成功。

二、思想政治教育的功能

思想政治教育作为一种社会现象、一种社会实践活动，与社会系统之间存在密切的关系，具有明显的社会性。思想政治教育既受社会的制约，也对社会发挥能动作用。思想政治教育作为进行社会治理的重要途径，要充分发挥其社会性功能，彰显其社会性特征，实现其社会性价值。

（一）根本性社会功能

有人认为思想政治教育的功能就是思想政治教育的作用，如陈万柏等在《思想政治教育学原理》中指出：“思想政治教育功能是指思想政治教育对其对象乃至整个社会所发生的积极独特的作用或影响。”仓道来在《思想政治教育学》中指出：“思想政治教育功能是指思想政治教育所发挥的效能和它具有极其重要的社会作用。”曹书庆则认为：“所谓功能就是一事物对人和社会所起的作用。教育功能就是德育对于受教育者个体和社会所起的作用。”但是这类观点忽视了功能与作用的区别，“功能是事物本身固有的，作用是一事物与其他事物之间的关系；功能是对事物自身而言的，作用是对他物、对人而言的；功能是一种潜在作用，作用是一种表现出来的功能。”所以，思想政治教育的功能并不等同于其作用。

（二）具体性社会功能

思想政治教育功能被理解为思想政治教育的职能、价值等。就思想政治教育功能被理解为思想政治教育职能来说，陈秉公首先提出思想政治教育职能的概念并指出：“思想政治教育职能包括根本性职能和具体性职能。根本性社会职能包括为政治斗争服务，为生产斗争服务，为塑造人格服务；具体性社会职能包括灌输、转变、调节、激励。”苏振芳则认为：“思想政治教育的职能包括五个方面，即灌输、转变、调节、凝聚、激励。这五个方面在某种程度上就是指思想政治教育的功能。”

第二节 思想政治教育的发展历程

一、起步阶段（1949—1956年）

与从新民主主义到社会主义转变的时代背景相适应，我国对高校进行了分阶段的改革，完成了对旧教育制度的改造，实现了由新民主主义教育向社会主义教育的转变，并采取了一系列务实的举措开展高校思想政治教育，取得了良好的成效。

（一）建立思想政治教育制度

1949年9月，中国人民政治协商会议第一届全体会议通过了《中国人民政治协商会议共同纲领》，确定了新中国的思想文化建设需要坚持民族的、科学的、大众的发展方向。1951年，中共中央从群众宣传、学校教育等方面具体规定了党的各级宣传部门的职责范围，初步形成了包括宣传教育内容、机构、队伍、工作方式、检查考核在内的思想政治教育管理实施制度。在这一时期，中共中央还通过建立自上而下、覆盖全国的思想教育网络体系，并建立相应的实施机构、制定一系列工作制度，形成了由各级党委领导、宣传部门主管实施，以各项相关制度和组织机构为保证，以社会各界为对象，以提高思想政治觉悟为目的，以普及马列主义、毛泽东思想为内容，以多种宣传教育形式为手段的思想政治教育运行机制。比如，干部理论教育制度、全体党员教育和支部教育制度、群众宣传思想工作制度、知识分子的政治教育制度、学校思想政治教育工作制度、工农积极分子教育制度等。

（二）加强思想政治教育工作

1956 年 9 月，中国共产党第八次全国代表大会召开，会上从中国共产党所处的历史地位和肩负的历史任务出发，从党内存在的问题着眼，强调加强党的建设和思想政治教育工作，把执政党建设和思想政治教育放到特殊及重要位置上。一是提高对思想政治教育重要性的认识。在《关于宣传唯物主义思想批判资产阶级唯心主义思想的指示》中，中央明确加强思想政治教育对于党和国家的工作有决定性的意义，毛泽东第一次提出了“政治工作是一切经济工作的生命线”的论断。二是明确思想领导是党的领导的首要职责这一根本原则。“各级党委必须真正做到把思想领导当作自己领导的首要职责”，通过党的理论宣传和思想政治教育这一政治优势实现党的领导职能。三是首次意识到思想政治教育是一项长期、艰巨的任务。毛泽东指出，由于“反映旧制度的旧思想的残余，总是长期地留在人们的头脑里，不愿意轻易地退走”，因此思想战线斗争具有长期性和复杂性。四是确定思想政治教育的内容和运行机制。中央根据思想政治教育任务的改变，明确了社会主义时期思想政治教育的基本内容包括辩证唯物主义和历史唯物主义、社会主义信念、集体主义教育和艰苦奋斗精神的教育四个方面，并决定采取大规模群众思想运动的方式开展思想政治教育。

二、曲折发展阶段（1956—1977 年）

中国共产党第八次全国代表大会召开以后，我国进入了全面建设社会主义时期。但是工作指导方针上的失误对我国思想文化、经济社会的发展等造成了消极影响。在这段时期内，高校思想政治教育受到各种思想政治运动的冲击，偏离了正确的轨道。

1961 年 9 月，中共中央批准颁布了《教育部直属高等学校暂行工作条例（草案）》（简称“高教六十条”），为高校思想政治教育工作确立了基本规范和要求，促进了高校思想政治教育工作的制度化发展。

三、恢复阶段（1978—1989 年）

在这一时期，高校思想政治教育成绩斐然。一是党的十一届三中全会之后，党中央撤销了对教育战线的两个错误估计，摘掉了强加在广大教师头上的“资产阶级知识分子”帽子，肯定了知识分子是工人阶级的一部分，提出了“政治上一视同仁，工作上放手使用，生活上关心照顾”的知识分子政策，恢复了教师职称制度，提高了教师生活待遇，并确立 9 月 10 日为教师节。二是中共中央发布了《关于改进和加强高等学校思想政治工作的决定》《中共中央关于社会主义精神文明建设指导方针的决议》《中共中央关于进一步加强和改进学校思想政治工作的若干意见》等文件，高校在改进和加强思想政治工作方面做了有益尝试。三是把高校思想政治工作作为一门科学进行研究，开设了思想政治教育专业。但同时由于对改革开放后出现的新情况、新问题思想准备不足，重视和研究不够，某些地方、某些单位出现了忽视思想政治工作的倾向，高校思想政治教育工作也受到不良影响。

四、加强改进时期（1989 年至今）

1989 年 6 月，党的十三届四中全会召开，之后我国步入了改革开放的新时期、新阶段。这一阶段高校思想政治教育全面贯彻党的教育方针，在总结经验的基础上结合时代特征不断探索前进，在提升高校教师思想政治素质，促进学校改革发展和维护学校、社会稳定方面发挥了积极作用，取得了显著成绩。

党的十九大以来，尤其是在中国特色社会主义建设进入新时代的背景下，高校思想政治教育进入了深化发展阶段。在这一时期，高校思想政治教育日趋规范化和制度化。

高校通过对广大教师进行争先创优工作，顺利完成了新时期、新阶段的又一次教师思想政治教育工作，取得了良好成效：一是提高了教师的马克思主义理论水平，深化了教师对党的指导思想、方针政策的深刻认识，实现了思想认识上与党中央的高度一致，增强了其对党和国家路线、政策拥护的自觉性；二是提高了教师理论联系实际工作的能力，加深了教师对教学、科研全面发展的深刻认识，为教师深入探索教育教学规律、提高教书育人水平、促进学生健康全面发展提供了认识基础。

第三节　高校思想政治教育的功能和意义

一、高校思想政治教育的功能

高校思想政治教育基本功能表现为它对中国特色社会主义高校思想政治教育实践活动的保障功能，还体现为高校思想政治教育实践中的方法功能。同时，它对培养大学生的马克思主义价值观，对实现社会主义理想信念及精神入脑入心的教学活动有建构功能。

（一）保障功能

高校思想政治教育对培养大学生的中国特色社会主义理想信念，掌握并应用马克思主义的价值立场、观点，树立坚定的马克思主义信仰等教学实践活动的顺利开展具有重要的保障功能。

1. 有利于师生顺利、高效地完成教学任务

高校思想政治教育最重要的功能之一，就是保障师生顺利、高效地完成思想政治课的教学任务。它能够使教师更加深刻地掌握这项教学实践活动的本质和规律，能够帮助学生更好地掌握教学内容，能够帮助师生达到预定的教学目标和教学要求，从而取得良好的教学效果。

高校思想政治教育是我们认识该课程教学实践活动本质与规律的基础，是经过科学抽象和高度概括后的概念。人们通过对高校思想政治教育的深入研究，建立正确的、科学的范畴体系，能对教学实践活动有更深层次的认识，有助于揭示研究对象的本质和规律，对师生顺利、高效地完成教学任务有重要的保障作用。其作用具体体现在以下两个方面。

一方面，它是研究思想政治理论课教学理论本质和规律的手段与工具，包含已有的学科教学理论知识。通过对思想政治教育教学的推演、概念的移植等，师生可以对教学领域的种种关系产生新的认识，归纳总结出高校思想政治教育过程中的新特性和关系，由此产生新的理论。高校思想政治教育基本理论、框架的发展创新基于范畴的产生和形成，而高校思想政治教育教学的产生和转化会使其教学理论产生新的变化。通过不断研究和发展创新，可对高校思想政治教育教学领域的现象有一个新的认识，包括特性、关系，甚至是对范畴的基本内容等都会有不同的认识。这就是促进高校思想政治教育教学理论体系完善和发展的新时期。

另一方面，它是研究高校思想政治教育教学实践活动本质和规律的手段与工具。高校思想政治教育对教学实践活动具有基本的导向作用，同时，它对教师的思维方式具有引导更新作用，使其教学思维与时俱进。在对高校思想政治教育进行研究的基础上产生高校思想政治教育教学的具体内容，这实际上就是思维运动的结果，通过对已经存在的范畴进行深一步的探索，产生新的范畴并揭示其概念。通过对教学范畴的不断深入研究，能使师生对教学中的各种现象的认识从感性上升到理论层面，为高校思想政治教育教学实践活动指明方向，确保师生顺利、高效完成教学任务。

2. 有利于大学生树立正确的理想信念

通过思想政治教育可以使学生完整地、准确地、科学地理解和把握马克思主义的科学理论，避免对马克思主义理论产生片面的、肤浅的理解，同时也可

以避免或减少某些学生用个别结论、现象代替或否定马克思主义的观点。通过高校思想政治教育，教师用科学的方法向学生讲授思想政治理论这一学科的内容，可以引导学生掌握科学的世界观和方法论，提高其在实践中运用马克思主义的立场、观点分析和解决实际问题的能力，并在实际运用过程中不断加深对马克思主义理论的理解，从而牢固树立正确的理想信念。

人们借助高校思想政治教育，将其实践过程中遇到的种种现象、问题、关系都统一到一个有机体里，对其进行全面的、整体性的分析阐释，可以更好地认识和把握这一系统。把其作为思维工具对教学进行指导，帮助学生树立正确的理想信念是研究范畴的重要作用，构建范畴体系、完善思维形态是教学理论研究的重要任务。通过高校思想政治教育指导教学实践活动，对保障大学生树立正确的理想信念有重要意义。

3. 有利于提高大学生的思想政治觉悟

高校思想政治教育通过思维逻辑对具体的现象进行抽象化，而其功能则是把抽象的概念具体化，用以指导实践。换句话说，这一教学就是从逻辑层面展现了教学过程的系统性和整体性，从而构成教学理论的基础。

通过对高校思想政治教育范畴进行研究探索，有助于大学生更好地掌握这门课程的理论知识，对提高大学生的思想政治觉悟及坚定正确的政治方向有保障作用。

（二）方法功能

高校思想政治教育是一门对大学生传授具体的科学知识的课程，其教学范畴在本质上是体现对教学过程的方法论指导。高校思想政治教育的方法功能主要包括三个层面：首先是思维中的概念辩证法和对客观世界的认知方法，有助于解决大学生成长过程中的各种思想困惑；其次是思维的工具和认知客观世界的中介手段并体现思维的各个环节，有助于促进大学生的全面发展；最后是对现实对象的本质规律和内在关系的反映和规范，有助于建设高校社会主义精神文明素质基础工程。

1. 解除大学生成长过程中的思想困惑

高校思想政治教育的形成和范畴体系的构建，都是通过概括和抽象高校思想政治教育教学实践过程中出现的所有现象，包含一般的和个别的现象，进而形成教学中最一般、最本质的概念。思想政治教育的一般性特征在高校思想政治教育领域丰富的个别性中得到诠释和发展。同时，随着思想政治教育的发展，高校思想政治教育也需要不断分析、概括各种丰富的现象和材料，以不断地丰富教学内容。

高校思想政治教育与学生密切相关，承担着微观层面的解惑工作。高校思想政治教育以思想政治教育教学为研究对象，总结和概括这一教学领域内最本质、最基本的特点和规律，首先就突出体现在其能为大学生在成长过程中遇到的各种思想困惑提供方法指导上。高校思想政治教育不是简单地对学生灌输和传播思想理论知识的过程，重点是要在学生的成长成才过程中给予一个正向的引导并培养其解决问题的能力。后一部分实际上就是对学生成长过程中遇到的难题、困惑给予解答的一个过程。高校思想政治教育的特点决定了解惑这一方法功能的重要性。

当代社会中大学生的思想状况决定了高校思想政治教育需要解决大学生的思想困惑。大学生正处于成长成才的重要时期，其思想、价值观处于形成阶段，其学习、生活、社会实践都会带来各种各样的困惑，甚至影视作品、社会热点等也会成为影响其思想情绪的重要因素。只有对学生遇到的种种困惑给予及时解答，才能真正提高教学的实效性和针对性。面对来自各方面的问题和困惑，要及时、科学地解答学生产生的困惑，要引导学生坦然面对，要对问题进行全面的把握。要正确认识问题和困惑，它的产生有助于推动学生积极思考，也有助于推动教学工作的改革发展。

教学过程中教师除了对理论知识进行传授外，更要重视在传授过程中时刻解答学生在领悟理论知识的过程中产生的困惑，这有助于学生在更深层面认识和把握理论知识，也有助于增强教学中的问题意识，引导和提高教学的实效性、针对性。高校思想政治教育是对客观世界的认知方法和思维中的辩证法，能够解除大学生成长过程中遇到的各种思想困惑；要以解决教学过程中的思想困惑为契机，促进学生实现思想进步和健康成长，也提升自身的亲和力、针对性和实效性。

2. 促进大学生的全面发展

高校思想政治教育以培养德、智、体、美全面发展的时代新青年为目标。大学生的全面发展首要是其思想的发展，只有思想观念是正确的，才能给予学生本人以其他方面的正确引导。学生对世界的认识总是要经过辩证的认识运动，只有对世界有一个科学、正确的认识，其发展才不会偏离正确轨道。高校思想政治教育是具体与抽象的结合，以客观生动的内容为研究对象，并对教学中认知的主体——师生的最一般、最本质的特征加以概括、抽象、归纳等。

在新时代，面对日新月异的变化，高校思想政治教育是思维的工具和认知客观世界的中介手段并体现思维的各个环节，有利于促进大学生的全面发展，其要不断吸取、概括新鲜的、活生生的具体内容。高校思想政治教育每前进一步，都是个别与一般结合的新环节。高校思想政治教育的方法功能，体现为对思想政治教育教学实践过程中产生的各种个别和一般现象的本质及规律进行把握，引导学生全面发展。

3. 建设高校社会主义精神文明素质基础工程

高校思想政治教育在教学领域客观存在，抽象和概括了教学现象的本质规律和内在联系，是对高校思想政治教育教学实践的系统性认识，是对高校思想政治教育教学领域各种现象进行进一步认识的方法和工具，是教学的本体论、认识论以及方法论相统一的体现。高校思想政治教育的方法功能体现为对思想政治教育领域各种现象的摹写，同时以语言、逻辑和体系的方式对高校思想政治教育教学理论展开研究。高校思想政治教育具有确定性和相对稳定性，但其不是僵死、固定的，而是永恒地运动着、发展着的，故确定性要与灵活性、发展性相结合。

高校社会主义精神文明首先体现在学生的思想政治道德素质上。高校思想政治教育作为培养学生思想道德素质最直接的方式，是高校社会主义精神文明素质基础工程的重要组成部分，提高高校思想政治教育教学水平和质量无疑是促进基础工程建设的重要前提。高校思想政治教育是对现实对象的本质规律和内在关系的反映和规范，有助于促进高校社会主义精神文明素质基础工程建设，丰富高校思想政治教育教学理论体系宝库。

（三）构建功能

高校思想政治教育的构建功能，指构建、补充和完善其教学理论体系及认识规律的功能，是对教学过程中最一般、最本质的基本规律和内在关系的反映，能在教学过程中为系统地掌握中国特色社会主义理论体系奠定基石，更好地培育和弘扬社会主义核心价值观与树立中国式理想信念、精神和价值。

1. 是教学体系的重要组成部分

高校思想政治教育是思想政治教育学这门学科的重要组成部分，在学科发展过程中占据越来越重要的地位。对由研究对象、规律以及原理等构成的教学理论体系的构建是其发展的迫切需求。而作为这一理论体系最基本的组成要素，高校思想政治教育是这一体系中其他诸要素、环节得以存在的前提；高校思想政治教育体系是一个有机统一的整体，所有教学内容均作为这个规律之网上的纽带而存在。这一教学理论体系的构建必须以高校思想政治教育为基石，只有在一个完整的理论体系中，高校思想政治教育才具有实际意义。换言之，高校思想政治教育与高校思想政治教育教学理论体系之间是个体与整体、要素与系统之间的关系，高校思想政治教育与其教学规律是密切相关的。教学规律揭示了教学实践过程中各种现象的普遍联系和发展的最本质的方面，因而它决定着反映思想政治理论课教学过程本质的各个侧面的实质和相互关系。

一方面，高校思想政治教育教学规律需要对其内容进行扩展和补充，高校思想政治教育过程中产生的各种现象之间的内在联系和本质，以及发展创新过程中的辩证关系等都可以通过范畴从不同的侧面进行反映，因而是高校思想政治教育教学理论体系的重要组成部分。

另一方面，高校思想政治教育的内容是中国特色社会主义理论体系的重要组成部分，其教学是系统掌握这一理论体系的主阵地、主渠道。高校思想政治教育是其教学理论体系的重要组成部分，为系统掌握中国特色社会主义理论体系奠定基石。

2. 形成中国精神气质

高校思想政治教育教学理论体系要有所突破和创新，就必须加强对它的系统研究。要有效提升教学质量，就必须要有成熟的范畴及体系，完善教学理论体系，指导教学实践。也就是说，范畴、体系的完善度直接影响理论体系的成熟度。目前，我国对高校思想政治教育的研究还处于初级阶段，其在广度和深度上仍有很大欠缺，距离精确化、科学化还有很长一段路要走，我们要不断加强对教学基本理论体系的研究。高校思想政治教育理论体系的具体内容是中国精神气质的重要体现。中国精神气质的养成是高校思想政治教育的目的之一，这是由我国的社会性质和主要矛盾决定的。简而言之，教学理论体系的形成是高校思想政治教育基本架构的体现及其走向成熟的标志，为形成中国精神气质提供必要条件。

3. 弘扬社会主义核心价值观

高校思想政治教育教学过程就是以马克思主义为指导，培养大学生形成马克思主义的价值观及立场等，同时培育和弘扬社会主义核心价值观的一个实践过程。这个实践过程毫无疑问需要理论的指导。高校思想政治教育教学发展状况与教学水平有着密不可分的关系，它是高校思想政治教育教学规律的体现，可以通过对这一规律的学习、掌握更好地发挥师生的主观能动性，增强学生树立社会主义核心价值观的决心和自觉性，使这一价值观在教学过程中得到更好的培育与弘扬发展。

而学生自觉树立这一价值观的成熟度与高校思想政治教育开展研究的广度和深度息息相关，并且直接影响其理论体系的构建。而学生价值观的形成与其对理论知识的认知程度有着重要联系，学生对马克思主义理论的认知和认可度越高，其对社会主义核心价值观的认知度也就越高，因而社会主义核心价值观的培育和弘扬工作的完成度也就越高。随着高校思想政治教育教学改革的不断开展，其教学实践活动的形式和内容越来越多元化，对教学的针对性和实效性的要求也随之不断提高。高校思想政治教育教学理论体系会随着思想政治教育的变化和发展不断变化和丰富，并向着更高层次和水平发展。

二、高校思想政治教育的意义

（一）形成良好学风

和谐校园的建设离不开校园成员的共同努力，更离不开大学生党员所发挥的模范带头作用。大学生是国家的希望，并且直接关乎国家的建设。现在的大学生不仅要独立，还要面对各方面的压力，而实施高校思想政治教育的目的就是对大学生进行思想方面的正确引导。而且大学生中的党员作为高校学生中的先锋，普遍成绩优异、政治素养较高、组织能力强，一般来说会担任高校中的学生干部职位，有着较强的能力和影响力，是和谐校园的重要建设者。因此，做好大学生思想政治教育工作，能够充分调动其建设和谐校园和良好学风的积极性，发挥其先锋模范作用，是构建和谐校园、形成良好学风的必然要求。

（二）强化社会主义核心价值观的引领作用

在新时代，国内外社会形势发生变化，在不同思想的交流与碰撞下，我国传统文化及思想观念受到其他社会思潮的影响，高校的思想政治教育工作也面临着巨大的挑战。由于大学生缺少一定的社会经验，高校思想政治教育应牢牢把握住社会主义意识形态的话语权，巩固马克思主义在意识形态领域不可撼动的指导地位，提高学生对马克思主义国家学说的认知程度，强化学生对新时代中国特色社会主义政治的内涵的理解。高校要在日常的教育教学中传播思想、传播价值观，在进行知识教育的同时重视价值教育，引导学生积极主动地学习和研究，将教育工作落到实处。党的十九大以后，习近平新时代中国特色社会主义思想不断深入发展，中国特色社会主义教育更是全方位地融进了高校思想政治教育，为高校思想政治教育提供了绝佳的教育示范与教育典型。高校从新的社会背景出发，立足于我国的现实国情与学生价值观教育的现状，创新发展高校思想政治教育的任务刻不容缓。高校思想政治教育肩负着培育社会主义事业建设者的重要使命，要潜移默化地以情感认同和行为习惯的方式引导学生的价值取向，使其能够树立正确的价值观，进而增强学生对社会主义意识形态的强烈认同感。

社会主义核心价值观从公民层面、国家层面、社会层面，对个人应遵循的价值准则和行为标准提出了要求。社会主义核心价值观是意识形态教育的内在组成部分，它能引导大学生树立正确的价值取向和人生追求。高校思想政治教育课程是社会主义核心价值观的重要载体，把“三个倡导”的理念运用到教育教学中去，运用到社会实践中去，运用到校园活动中去，能科学引导学生树立理想信念，树立正确的“三观”，培养大学生的社会责任感及对国家制度的认同感；在提高教育实效性的同时也引导大学生形成服务社会、奉献社会的观念，从而引领大学生把实现中华民族伟大复兴、发展中国特色社会主义事业视为己任，以培育能担当民族复兴大任的时代新人。

（三）顺应时代发展的必然趋势

党的十九大以来，高校思想政治教育工作发生了新的变化。高校应切实做好广大青年学生的思想政治教育工作，承担起思想道德建设、落实立德树人根本任务的新使命，从而培养新时代优秀人才以实现中华民族伟大复兴的中国梦。

当今社会环境复杂多变，在这多年未有之大变局中，面对西方各种非主流意识形态的渗透，进行意识形态领域的建设是我们目前的重要任务。高校思想政治教育必须为中华民族伟大复兴服务，为其提供不竭的精神动力。

新时代下意识形态领域形势错综复杂，高校思想政治教育的重中之重就是要坚定对马克思主义的信仰，对社会主义和共产主义的信念，对中国特色社会主义道路、理论、制度、文化的自信；要抓住大学生价值观形成的关键时期，为他们的成长成才提供健康、良好的精神环境，营造和谐的校园氛围，从而培育出能够担负民族复兴重任的时代新人。只有广大青年学生有足够的民族自信，才能同世界人民分享我国的优秀文化，加强与各国的文化交流。

高校师生作为高素质人才，他们的思想非常活跃，政治敏感度高。尤其是大学生正处于价值观形成时期，很容易受到西方社会思潮的影响，产生某些偏激的、不利于社会稳定的思想及行为。因此，高校思想政治教育精神环境的建设应更加注重高校师生的精神需要，不断满足高校师生的发展需求，为其提供健康、良好的发展环境，使其形成正确的价值观和人生态度，使其坚定自身的政治信仰和追求。对于教师来说，高校思想政治教育也十分重要，他们应该起到模范作用，因为教师对学生的言传身教都会在学生身上潜移默化地体现出来。只有教师自身有着良好的自我修养和专业素养，有坚定的理想信念，才有可能教出优秀的学生。特别是高校思想政治教师，他们是高校思想政治教育精神环境建设的主要实施者，是学生精神世界建设的引导者。只有不断满足高校教师的精神需要，逐渐完善教师队伍，才能真正把握住高校思想政治教育的抓手。

第二章　高校思想政治教育的主要特征与现状

高等教育是广大青年踏入社会前的最后一步，其重要性不言而喻。广大高校不仅具备着教书育人的功能，更肩负着立德树人的社会责任。当前，我国高校思想政治教育工作基础扎实、形势喜人，但仍存在不少问题。本章主要分为高校思想政治教育的主要特征与高校思想政治教育的现状两部分，主要内容包括客观性与主观性统一、实践性与认识性统一、高校思想政治教育存在问题的成因等。

第一节　高校思想政治教育的主要特征

一、个性化与共享性

（一）个性化特征

正确认识高校思想政治教育个性化特征的内涵和构成，有助于分析大数据时代思想政治教育个性化特征面临的机遇和挑战，并提出进一步的提升策略。

1. 思想政治教育个性化特征的内涵

（1）个体、个性与个性化

要想研究思想政治教育个性化特征的内涵，首先必须了解个体、个性和个性化的内涵，并对此做阐释和辨析。

①个体。个体是一个兼具自然属性、社会属性和精神属性的有机统一体。个体的自然属性表现为其是一种自然存在物，有着自身的生理组织和生理结构特征，遵循个体身心发展的自然规律；个体的社会属性是其根本属性，表现为个体是社会中的个体，不能脱离社会单独存在，遵循社会和教育的客观规律；个体的精神属性表现为其具有主观能动性，以自然属性为基础并受到社会属性的制约。与个体相对应的是群体，群体通常是指存在于社会关系中的个体因某

种社会关系联结而成的集合体。个体与群体相互依存、相互影响。群体由个体组成，但群体并不是个体的简单相加。如果群体结构合理，其力量就会大于个体力量的相加；反之，结构不合理的群体则会等于或小于个体力量的总和。我国的主流文化往往重视群体的利益，个体利益需服从群体利益。在现代社会，既要促进人的主体意识的觉醒和个体的发展，又要培养具有创新精神和独立意识的人才，这就促使社会应更加关注个体的利益，重视个体的成长。

②个性。个性是个体的独特性表现。个性是一个普遍性的概念，各个学科都尝试对“个性”做出具有本学科特色的解释。马克思从人学的角度出发理解个性，认为个性是指个人的“个体特性”，包括个人的唯一性、独特性、不可重复性、不可替代性、独立自主性、自由自觉性、能动创造性等丰富内容。个性与共性是相对而言的。毛泽东在《矛盾论》中，通过对矛盾的普遍性与特殊性的辩证关系的论证揭示了共性与个性的关系，指出个性即一事物区别于其他事物的个别的特殊的矛盾，共性寓于个性之中，个性又受共性制约，共性和个性在一定条件下可以相互转化。在心理学中，个性被解释为明显区别于他人的、相对稳定的、影响人的外显和内隐性行为模式的心理特征的总和。从教育学的角度来看，个性就是指个人整体的精神风貌，是个人在思想、品格、情感、意志等方面表现出来的有别于他人的特质。这种特质既内在地表现为兴趣、能力、性格、意识等方面，又外在地表现为言语方式、行为方式、情感方式等方面。

③个性化。按照构词结构，个性化由“个性”与“化”构成，可以理解为“使变得具有个性”。个性化是使个体从群体中突显出来并形成鲜明个性的过程，既表现为使个体具有稳定的个性心理趋势和个性特征，即个性的过程，又表现为个体培养和形成个性的过程，是呈现个性和构建个性的统一过程。两个过程不断循环发展，最终形成具有稳定性的个性。个性化与大众化相对，即非一般大众化的东西，是在大众化的基础上增加独特性，使别具一格、与众不同。个性化由于从一般性中脱离和分化出来，在某种程度上与大众化具有对立性。事实上，这种对立性仅仅是外显的，个性化与大众化相互依存，大众化寓于个性化中，个性化受到大众化的制约。

通过教育促使个性形成和发展就是个性化教育。个性化教育既可以理解为一种尊重个体和发展个性的教育思想，也可以理解成一种呈现和构建个性的教育活动。

个性化教育具有坚实的理论基础，此处主要论述以下几个方面。

其一，马克思主义的人民观。马克思主义坚持人民群众是实践的主体，是历史的创造者，要始终坚持群众观点，坚持从群众中来、到群众中去。坚持以人民为中心，坚持一切为了人民、一切依靠人民，发展成果由人民共享。尤其要关注到每一个人，依靠并相信每一个人，使每一个人能够共享改革发展成果。而个性化教育就是以人民的需要为中心，落实到每一个人，并落小落细落实，尊重和实现每个人的个性发展和成长。

其二，因材施教理论。“因材施教”理念在中国最早是由孔子提出的。《论语·先进篇》中写道，“子曰：‘求也退，故进之；由也兼人，故退之。’”针对“仁”的问题，孔子给出颜回与子贡两个不同的回答，“克己复礼为仁”“己欲立而立人，己欲达而达人”。孔子在教学中根据受教育者的性格、能力、兴趣等差异进行有针对性的教育。个性化教育思想是对因材施教思想的继承和发展。

④三者之间的联系与区别。个体、个性和个性化三者之间相互联系。个体是个性和个性化存在的前提和基础，没有个体就谈不上个性和个性化。个性是个体的独特性表现，个性差别是人与人之间相互区别的基础，是个体存在的标志。个性化是个体得以形成的过程，是个体呈现个性和构建个性的过程。

个体、个性和个性化三者之间相互区别。部分学者和社会对于个性教育和个性化教育的理解存在两方面的误区，在此做简要说明。一是个性教育不等于个性化教育。个性化教育比个性教育的内涵更加广泛，对教育具有更大的指导意义。一方面，个性教育强调个性品质具有天然差异性，以受教育者的个性差异为基础，以受教育者个性的充分发展为目的。个性化教育则强调后天给予的教育和培养，以尊重和发现受教育者的个性差异为前提，以促进受教育者形成优良个性、个体生命独特发展为目的。另一方面，个性教育往往过分强调个性发展而忽视共性的培育，容易导致教育对象片面发展，甚至产生个人主义思想。个性化教育在尊重个性差异的前提下，促进教育对象自由而全面地发展。二是个性化教育不等于个别化教育，不等于“一对一”教育。部分教育机构把个性化教育等同于个别化教育，或者是等同于“一对一”的辅导教育，这种观点是片面的。这种个别化的辅导教育方式主要是针对学校教育大班教学的缺陷提出的，但其仍然以应试教育为主，以提高学生的成绩为目的，而不是促进学生的个性发展。个性化教育则充分尊重学生的差别，承认个性差异，在了解学生兴趣、爱好和需要的基础上对学生开展有针对性的教育，发展和优化学生个性，促进学生自由而充分地发展。

（2）思想政治教育的个性化特征

思想政治教育的个性化特征体现着思想政治教育过程中的因材施教和人文关怀理念，其核心是以教育对象为本、尊重个体间的差异性和多样性，通过选择个性化的教学方式对不同个体开展有针对性的教育，从而激发教育对象的主动性，促进其最大限度地发挥潜能，实现个体的全面和谐发展。从特征角度来讲，个性化是互联网的主要特点，互联网引领了个性化的时代，思想政治教育的个性化特征在网络环境下显现，被更多的学者认识和接受。

①尊重个体的主体性作用。个体的主体性指个体具有主动意识，能够有目的、有意识地自由支配个人的思想和行为。人与动物最大的区别就是人具有主体性，能够按照自己的意愿进行自由、自觉的生产活动。个体的主体性特征要求教育必须尊重个体的主体意识，发挥个体的主动性。思想政治教育个性化特征也是如此。思想政治教育个性化特征充分尊重个体的主体性作用，尊重个体的主体地位，立足个体的思想品德实际水平，注重唤醒受教育者的主体意识并提升主体能力及主体价值，充分调动个体的主观能动性，对外界环境和事物做出独立的分析判断，对自身的思想和行为负责。同时，思想政治教育个性化特征注重对个体主体性的引导，鼓励个体发挥主动性，自觉进行个性化的学习，将所学的知识和思想内化为自己的个性和品质，促进良好个性的形成和品质能力的提升，最终实现个人的自由全面发展。个体在接受教育的过程中虽然是教育的客体，但在未来社会，必然是社会的主体。思想政治教育的个性化培育应激发个体的主体意识与主体能力，只有具备主体意识和能力的个体才可以承担起未来社会的责任，因为由没有主体性意识的主体组成的社会是无法想象的。

②满足个体的差异性需要。思想政治教育个性化特征尊重个体之间的差异性，并满足个体的差异性需要。思想政治教育的个体差异性表明个体的独特性和唯一性，世界上没有两片完全相同的叶子，也没有完全相同的两个个体。个体间的差异性是由个体的属性决定的。

人是自然属性、社会属性和精神属性的复合体。人的自然属性首先决定了个体的差异性。人的自然属性是人所特有的生物属性，是由人的形态特征、生理特征和遗传特征构成的，个体遗传因素的差异性决定其在性格、能力、气质等方面的差异性。人的社会属性影响个体的差异性。人的社会属性是人所特有的社会关系和由此决定的活动方式，个体由于家庭环境、学校环境和社会环境的差异形成个体间观点、态度、思想、兴趣等方面的差异。人的精神属性引发个体间需要的差异。人的精神属性指人具有主观能动性，能根据自身不同状况自觉主动提出具有差异性的需要。思想政治教育个性化特征认识到并尊重个体之间的差异性，把握个体的独特性，根据不同个体的个性特点和需要制定不同的教育目标，实施不同的教育方法，讲授不同的教育内容，采取有针对性的教育评价方式，进行个性化的思想政治教育。

③促进个体的个性化发展。思想政治教育个性化特征以促进个体的个性化发展为最终目的，具体表现为促进个体潜能的最大限度发挥，形成良好的个性，实现个体自由全面发展。个体拥有巨大的潜能，思想政治个性化教育就是在尊重个体差异的基础上了解个体的个性特征、兴趣爱好和发展需要，为个体提供合适的教学方法和教育内容，挖掘个体潜能，促进个体发展。人的良好个性素质不是天生的，是后天培养形成的。思想政治教育个性化特征尊重个性差异，把握个性特点，促进个体良好个性的形成和发展，预防和抑制不良个性的形成，最终塑造个体理想个性。马克思把人的发展与社会的关系分为三个形态：人的依赖性社会、物的依赖性社会、人的自由全面发展社会。思想政治个性化教育的最终目的就是促使个体发挥主体性和创造性，展示个体生命的独特性，实现个体的自由全面发展。思想政治个性化教育通过促进个体的个性化发展，培养出具有健全个性、独立人格、创新精神的人才，以适应社会发展的需要，实现思想政治教育既塑造个体又服务社会的重要作用。

2. 思想政治教育个性化特征的构成

思想政治教育个性化特征要求尊重个体的主体性和差异性，促进个体的个性化发展，具体表现为人性化关怀原则、主体化教育要求、分众化传播方法、精准化过程管理四个方面。

（1）人性化关怀原则

个性化特征的人性化关怀原则立足于“以人为本”的基本思想，一方面体现在关怀每个教育对象和全面关怀教育对象上。传统的思想政治教育重视教育集体性，忽视了教育对象的个性发展，而个性化的思想政治教育关注每个教育对象，尊重教育对象之间的差异性，关怀个体需求及其潜能发展。传统思想政治教育强调教育的思想性和政治性，个性化的思想政治教育在此基础上还关怀教育对象的学习、生活、情感、生理、心理等方面的需求和发展。另一方面，人性关怀体现在教育内容设置、教育方法选择和教育管理制度制定等教育全过程中。思想政治教育者在教育过程中关注教育对象之间的个性特征、兴趣爱好、能力差异和社会需求等多方面差异，遵循教育发展的规律，为教育对象制定符合其个性发展的学习内容，实施有针对性的教学方法，激发教育对象的主动性，促进个性发展。

（2）主体化教育要求

思想政治教育个体化特征坚持“以教育对象为中心”的教育理念，关心每个个体的主体化教育要求，尊重教育对象的主体意识，注重引导教育对象发挥主动性，自觉接受个性化学习，进行主动性思考，提升自身思想意识和个人品质。传统的思想政治教育注重统一性和整体性，大班教学模式下的思想政治教育同样是统一性的教育，教学形式为单一性的知识灌输，教育对象被动接受教育。这种教育模式有助于实施国家意识形态和思想道德教育，有利于缓解国家教育资源紧张的压力。但是教育者对教育对象单向性的教育灌输不利于教育对象主体性的发挥，会抑制其个性发展，对培养创新型人才和激发社会活力带来消极影响。在个性化的思想政治教育下，尤其是在网络信息技术以及知识经济快速发展的背景下，教育者与教育对象之间建立起平等交流关系，二者都是教育的主体，教育者要尊重每个个体的主体性，与教育对象互相交流学习。尽管二者都是教育的主体，但由于教育者有丰富的教学经验和阅历，教育者在教育过程中起主导作用。因此，教育者要主动通过个性化教育唤醒主体性意识，发挥主动性作用，促进主体性发展。

（3）分众化传播方法

分众化传播是随着网络新媒体的发展形成的，与大众化传播相对应，是指传播者根据不同受众群体的差异性需求，提供有针对性的信息与服务。思想政治教育个性化特征尊重教育对象的个性化差异，根据教育对象的不同个性和需求，采用差异性的方法，即分众化传播方法提供有针对性的教育内容。这种分众化传播方法是实事求是原则在思想政治教育方法中的运用。思想政治教育方式和教学方法具有多样性，其教育方式注重理论与实践同时开展、线上线下同步进行、传统方式与技术手段相结合。思想政治教学方法有疏导教育法、比较教育法、典型教育法、自我教育法、情感激励法、榜样示范法等。思想政治教育多样性的教学方法为思想政治教育的分众化传播奠定基础。思想政治教育分众化传播方法的运用为不同教育对象选择适应其个性的教育方法，做到因人而异，调动了教育对象的主动性，提升了思想政治教育的魅力和吸引力。

（4）精准化过程管理

精准即精炼、准确。思想政治个性化教育尊重个体个性，坚持人性化的关怀原则，根据不同教育对象满足不同的教育要求，制定个性化的教育目标，提供定单式的教育内容，运用分众化的传播方法，必然能实现个性化发展的目标。而思想政治教育个性化教育目标制定、教育内容设置、教育方法选择、教学效果评价构成思想政治教育全过程，表现出教育者在不同阶段精准化地对待每个教育对象，体现出教育过程管理的精准化。传统思想政治教育制定统一的教育目标，使用统一的教学方法，对全体教育对象实施统一的教学内容，且教育目标、教育内容和教育方法的选择仅依据教育者的经验和感性认识，整个教学过程不具有针对性，教育效果不佳，不具备精准化的特征。思想政治教育过程管理的精准化更好地为教育对象解除思想心理困惑和生活难题提供精准化的指导与帮助，满足教育对象的个体发展需要，促进个性构建和发展。同时，精准化教育增强了思想政治教育的人文关怀，使教育对象感受到教育者的关心与爱，主动提高自身素质从而实现个体的自由全面发展。

（二）共享性特征

1. 思想政治教育共享性特征的内涵

（1）共识、共治与共享

廓清共识、共治与共享之间的关系，可以为思想政治教育共享性的提出奠定基础。共识、共治与共享是相辅相成、有机统一的关系，核心是“共”，它们实现了态度、责任和利益的动态平衡。达成共识的前提是需要利益共享。只有达成共识，才能避免不同主体之间价值观念和利益诉求的冲突，更好地实现新时代共治、共享的社会治理格局。而共治最终是为了实现共享。共治是从客体向度出发的共享形式，而共享则是从主体向度出发，需要人们的共同推进。要提升共识、共享、共治的社会治理水平，必须以共识为基础、共治为关键、共享为目标，形成社会共识，打造共同参与、共担责任、成果共享的“真正共同体”。

共识，一般指共同的看法或一致的认识。《现代汉语词典》对共识的定义为“共同的认识”，表现为人们在价值观念、信念和规范准则等方面所共有的认识。共识源于差异，它是在承认社会成员存在差异和分歧的前提下所达成的。随着信息技术的发展，人们的价值观变得多元化，利益诉求的差异与对立变得更加明显，造成共识难以达成。而一个社会如果没有达成广泛共识，社会责任、社会利益就难以进行有效整合，改革就难以顺利推进。可见，形成共识颇为重要。首先，共识是不同主体之间的共同认识。不同个体对同一事物的看法虽存在差异，但是在差异性中必然存在着交叉或共性的认同。其次，共识与利益具有内在统一性，根本利益的一致是形成共识的前提。利益影响着人们的思想观念和行为的形成。

共治即共同参与治理，其有效借鉴了协同治理理论的精髓，契合了社会治理的现实需要。党的十九大报告强调，要“打造共建共治共享的社会治理格局”。这是为解决复杂社会问题而提出的多元治理主体共治、共建、共享的管理理念。其一，在总体格局上，共治的目标是多元主体共同参与的新型治理体系。尤其是在大数据时代，网络空间的复杂性、多样化、监管不完善等现象弱化了思想政治教育功能，更需要各方力量协同以实现共治。其二，在主观意愿上，共治强调主体参与的自觉、自愿而非强制性。其三，在实现动力上，共治倡导激发人们的参与性，通过建立多元化、多方位的参与机制和渠道，各尽其职，进而形成社会治理的合力。

共享就是共同分享、共同享有，意在将东西的使用权分享给他人。其一，共享是客观性的，不以人的意志为转移。人们对物质资料和精神资料的相互交换、共享是由人的社会本质决定的。其二，共享是全面性的。因为共享是为了促进人的全面发展，这个“全面”决定了共享并非某个方面、某个领域，而必须是全面的。其三，共享是全员性的。共享是针对全体社会成员的，只有全体社会成员享受到发展成果的实惠，人们才能得以全面发展，社会才能够进步。其四，共享是实践性的。共享不仅是一种理念，更是一种行为。人们通过对共享达成共识，进行内化后才能在社会关系中不断联系并进行共建行为，进而共享才能得以实现。

（2）思想政治教育共享性特征

在共识、共治、共享等理念的指引下，思想政治教育凝聚主客体思想共识、整合各种要素资源、促进过程共治和成果共享。这样一种理念就是思想政治教育的共享理念，这样一种特征就是思想政治教育的共享性特征。思想政治教育的共享性是指在思想政治教育过程中，主体与客体之间通过促进目标共识、平台共建、资源共享、过程互动等要素协同，达到育人效果最佳的一种教育特征。在思想政治教育大系统中，其共享性表现为以下四个层次。

①不同主体之间的协同性共享。思想政治教育要实现“立德树人”这一根本任务，依靠单一主体往往是不够的，必须构建全员育人格局，凝聚国家、教育部门、高校、社会等多元主体的育人合力，实现不同主体在资源、平台、过程等方面的协同共享。

②主客体之间的互动性共享。思想政治教育的共享并不是单向流动的，而是一个教育对话、人际互动的过程。其强调主体与主体之间、客体与客体之间、主体与客体之间信息、知识、精神的交流与传播。

③同一思想政治教育过程的系统性共享。在特定时空环境中，思想政治教育主客体之间所进行的资源共享、平台共建等是系统的、整体的，而不是零散的、单一孤立的。

④不同思想政治教育过程的开放性共享。思想政治教育过程是一个开放共享的过程。在此过程中，教育参与者在不同时空、不同系统之间进行纵向和横向的交流与共享是在过程的开放性共享中完成的。

2. 思想政治教育共享性特征的表现形式

思想政治教育共享性是教育主客体进行信息、思想和精神的交流与共享，实现马克思主义相关理论同频共振的互动实践。它既受教育主客体的影响，也受教育资源、方法、效果等的制约。其表现形式为多元主体的协同性、过程参与的交互性、网络环境的开放性、资源利用的系统性、方式方法的借鉴性、育人成效的扩散性六个方面。

（1）多元主体的协同性

在思想政治教育过程中，共享的主体不是单一的，而应该包括思想政治教育成果的创造者，即全体社会成员。苗瑞丹指出，共享要在将全体成员视为共享主体的基础上，把弱势群体作为重点关注对象，强调思想政治教育成果共享的普惠性。这些多元主体在思想政治教育过程中相互合作与协调，即不同主体基于“立德树人”的共同目标，根据客观条件、具体任务等变化建立党委统一领导、部门分工负责、全员协同参与的责任体系，进而共同协作、产生新的协同效应。在思想政治教育过程中，多元主体的协同共享主要表现为目标共识、平台共建、资源共享、过程互动等方面的调整优化，努力打破各个主体各自为营、分散僵化的局面，消弭主体间的多重壁垒，让不同的主体在不同的阶段发挥不同的作用。

（2）过程参与的交互性

共享是人在一定的社会关系中进行交流与互动。也就是说，人们进行共享的一个基本前提便是参与，即把参与作为共享的逻辑起点。思想政治教育是教育主客体通过一定载体进行理论学习、交流互动的实践活动，这一活动主要通过教育主客体之间及与媒体之间相互作用、相互交流来完成教学过程。教育主客体只有参与到思想政治教育过程中，才有可能实现共享。教育主客体在教育过程中的相互沟通与合作，体现了教育过程参与交互化的本质。在传统思想政治教育中，这种交互化方式往往容易被人忽视，有的人认为思想政治理论的传播主要依靠教育者单向提供，受教育者只是被动地接收。其实，思想政治教育过程就是教育参与者之间的精神交流过程，就是教育者的价值引导和受教育者的主体建构的双向互动过程。

（3）网络环境的开放性

网络环境的开放性不仅仅是信息资源的开放，也是所有人思想精神的开放。这为思想政治教育资源共享、平台共建、过程共享等提供了条件。思想政治教育既是一个共享的过程，也是一个开放的过程。尤其是在大数据时代，网络具有资源丰富、传输快捷和交互性强等优势，这种优势可以转化为思想政治教育功能优势，通过开放、共享的网络环境方便、快捷地向受教育者传播主流意识形态和思想。教育主客体也可以不受时空限制而进行充分的展现和有效的交流，随时随地分享并获取海量信息资源。正是由于这一特质，思想政治教育的信息传递与共享才更加迅速有效。

（4）资源利用的系统性

共享能够对资源进行系统、全面整合，使资源得到多次利用，发挥出资源的最大价值。思想政治教育是教育主客体之间理论共享、意义共享、精神共享的过程。在这一过程中，教育者通过运用信息资源影响受教育者的思想文化观念、价值观念和精神状态等，两者之间不断地交换、共享信息资源，驱使资源不断走向系统化和科学化。因此，思想政治教育共享性特征在资源利用方面呈现出系统性特征。思想政治教育在利用教育资源的过程中将各自独立的学校系统、教育系统和社会系统进行融合发展，共享优质教育资源，互通有无，使资源得以全面整合，资源结构得以进一步优化，改变资源配置与分布不均衡的状态。在此基础上，教育资源需求者可以根据意愿和需要，通过信息化方式获得相应的课程、师资等教育资源，使教育资源获得最大限度的利用。

（5）方式方法的借鉴性

在思想政治教育过程中，受教育者的思想和诉求等都表现得较为内隐。为了使思想政治教育工作顺利开展，取得事半功倍的育人成效，教育者往往会对教学方法进行研讨分析，相互交流、借鉴教学经验，进而选择最适合的教学方法，以适应受教育者的发展特点，满足受教育者的个性需求。

（6）育人成效的扩散性

扩散是一个传播过程。思想政治教育育人成效的扩散程度是判断其目标是否实现，能否促进人全面发展和社会全面进步的重要指标之一。思想政治教育是在一段时间内，教育者经由特定的载体，将马克思主义的相关政治观点、道德观念等在大学生中进行传播、共享的过程。这其实是一种以“立德树人”为中心，不断扩散马克思主义理论成果，最终实现育人目标的过程。

二、客观性与主观性统一

思想政治教育是客观内容与主观形式的辩证统一，它是对思想政治教育教学实践活动中的各种现象之间的关系，以及教学的特性、教学方面等本质的一般概念的概括和反映。思想政治教育客观性与主观性的统一体现在两个方面：一方面，其内容来源是客观的，不能离开客观实在性；另一方面，从形式上来说它是主观的，它是内容这一客观存在的反映形式，人们通过自身的主观能动性对教学实践的具体内容进行能动的思考，对其进行能动的反映和改造。

思想政治教育的客观性，是指其教学内容来自这门课程所研究的特殊领域的教学实践，包括具体的课堂理论教学和实践教学，且其所固有的本质和规律是不以教育者的主观意志为转移的。思想政治教育是教学实践活动的本质和规律的反映。因此，从思想政治教育的范畴内容的来源及其建构的过程、发展趋势等来看，它具有客观性。

在研究理论问题时，我们需要充分调动人的主观能动性。人们运用主观性将思想政治理论课教学研究领域产生的具有客观实在性的原材料进行加工制造，从而形成了这一教学内容。这种加工制作过程就是通过人脑对客观实在进行理性思考的创造活动，使其在表现形式上具有主观性。

就如我们在讨论教学问题时，不能把教学内容和反映形式割裂开来。只承认教学的主观性或者只承认其客观性都是片面的、错误的，高校思想政治教育是主观性和客观性的统一。

三、实践性与认识性统一

通过实践和认识的不断反复运动，人们运用头脑对从教学实践过程中得到的原材料进行理性思考后形成最初认识。在最初认识的基础上进行反复推敲、分析研究，总结归纳教学实践内在的、本质的特征和现象，进而对这些现象的普遍联系进行分析研究，可得到各种现象的内在联系和共同本质，从而形成思想政治教育的内容。

高校思想政治教育在本质上是教师与学生之间不断实践、不断提高认识，再用认识指导实践并得出新的认识的过程。教师的教与学生的学就是构成这一特殊教学实践的统一结合体，因而作为反映教学基本概念的范畴具有实践与认识的统一性。思想政治教育作为党的指导思想的重要宣传阵地，其始终反映中国特色社会主义的建设发展这一实践活动，针对这一实践活动中出现的种种问题展开理论研究。其价值指向是引导学生掌握科学理论、坚定理想信念和提升思想素质。

思想政治教育是实践和认识的支点，因为它不仅是教学实践活动的产物，也是理性认识活动的产物。思想政治教育的实践活动形式越多样、内容越丰富、层次越深入，揭示其各种现象的内部的、本质的联系将更深入，从而形成更深刻、更精确、更科学的体系。

四、绝对的科学性与相对的利益性统一

思想政治教育通过教学实践活动使学生形成社会所需要的思想政治道德，培养学生全面发展的综合能力。马克思指出，在无产阶级社会中，就是要让社会成员的能力得到充分的发挥。而思想政治教育就是遵循着这一观念展开教学活动的，以期通过教学活动使学生的素质得到最大化的提升。社会的发展及其实践活动都需要理论的指导，理论是发展的动力；缺乏理论指导的实践都是无意识的、盲目的，都是无法前进发展的。社会的发展改革只有在科学的理论的指导下才能得以实现。马克思主义理论是被实践反复检验过的科学的、正确的理论，是人们认识世界和改造世界的重要武器。思想政治教育教学实践活动以马克思主义理论为基础，向学生传递其价值体系、立场、观点等，其教学体系就是在马克思主义理论的指导下构建而成的。这一教学的科学性还体现为其自身具有客观实在性和规律性，即其反映的是思想政治理论课教学特殊研究领域——思想政治理论课教学实践活动的特殊矛盾运动及其本质规律。在任何历史时期和任何政治体制下，普遍性都是思想政治教育教学实践活动的特殊矛盾运动及其本质规律的一个基本特征。所以，客观性和科学性就构成了思想政治教育的基本特点。任何历史时期和任何政治体制下的意识形态教育，基本上都客观地反映了其内在的本质和固有的规律。思想政治教育的科学性是绝对的，这一教学实践在一定的具体条件下具有相对稳定性。列宁认为，辩证唯物主义强调的是要承认真理的客观性和绝对性，且真理正确揭露了客观物质的本质和规律。因此，承认思想政治教育的客观性就是承认它具有绝对性。

思想政治教育的利益性源于其本身所具有的阶级性和意识形态性。其具体目标和服务的对象是由统治阶级的阶级性质和立场决定的。马克思历史唯物主义观认为，全心全意实现最广大人民群众的根本利益就是马克思主义政党应有的鲜明政治立场。毋庸置疑的是，为无产阶级政党和广大人民群众服务是社会主义国家思想政治教育的宗旨。

五、导向指引下的整体性与教育教学的层次性统一

思想政治教育是维护好、发展好党的意识形态工作的重要组成部分，也是提高人民思想道德素质的重要手段和工具，其需要也具有导向指引性。思想政治教育教学是本学科理论体系中的基础，而理论作为人们在实践的基础上，对事物的认识由感性上升到理性而形成的具有前瞻性的教育内容，其本身对教学实践活动就具有导向指引作用；进而由于思想政治教育自身具有阶级性特征，

因而其必然有一个价值指向。思想政治教育的导向指引性主要是针对以下两方面而言的。

一是对大学生的个人发展和如何在社会实践中发挥自身作用起到导向指引作用。包括引导学生的思想观念、精神境界朝着全面发展的方向提升，增强学生的精神力量；在实际的教学中促进社会主义核心价值观同学生自身的思想观念和政治观点相融合，积极引导和帮助学生自觉接受并且树立社会主义核心价值观。

二是为教学实践活动提供一个客观的标准，对思想政治教育教学的改革发展方向起到指引作用，促进教学理论的创新与发展。思想政治教育是教师在马克思主义的指导下对学生的价值选择和社会价值取向产生导向指引作用，使其形成社会发展所需要的道德规范和思想素质的教育。其导向指引作用是实现教学目标的关键，既是促进社会和个人全面发展的要求，也是马克思主义理论与时俱进和教育多元化发展的需要。

整体性在思想政治教育中首先体现在教学的每一阶段和环节中，其次还体现在教学内容的整体性上。思想政治教育是向学生传授马克思主义理论知识，这一理论具有完备的逻辑体系和框架，其发展历程也具有整体性。思想政治教育教学导向指引下的整体性，主要表现在以思想政治教育为教学内容并引领教学的正确方向，而这门课程本身就具有完整性。在其教学过程中，首要的是让学生认知和了解这门课程教学内容及其思想的整体性，而不是对某一部分具体的知识点进行深挖，因此对其构建应坚持完整性这一特征。在教学过程中，不应把认识并掌握某一具体知识作为教学的第一要务，否则学生将无法掌握这一学科的教学内容，更无从谈起对知识、思想的转化。

思想政治教育是一门兼具系统性、完整性的课程，可将各种性质、类型的教育教学因素整合到教学过程中，并能引导学生把感性认识或零星观点转化成整体的思想政治素质。其教学最重要的一点，就是要使学生将对马克思主义理论的价值立场、观点等的认识转化为信念，因此教师在教学过程中一定要重视对整体性的把握。

思想政治教育的层次性表现为，这一教学是一个教育教学的整体系统，其必然具有教育教学的局部层次。思想政治教育体系的划分是依据逻辑思维的组织、推演及运行规律展开的，进而形成了由起点、中心、中项、成效和终点等范畴构成的具有逻辑性和科学性且合理有序的范畴体系。高校思想政治教育是围绕中心范畴，然后从起点范畴开始，经过中项范畴、成效范畴，最后到达终点范畴的动态运动和发展变化的过程。这个过程动态、简洁地揭示了高校思想政治教育教学体系中不同要素和不同层次之间的内在联系及运动变化的本质及规律。思想政治教育的整体属性决定了其不能被孤立地反映，只有体系完整、各要素层次分明且合理有序地联系在一起，才能科学地反映思想政治教育的本质及规律。正是由于高校思想政治教育具有整体性特征，所以其结构与层次之间彼此关联、相互作用。一是指系统与要素、环节具有稳定的关联性，即其范畴体系中的各个具体范畴均有固定的位置和作用等；二是指层次与层次之间具有关联性，即指这一教学内的每个逻辑层次之间都是彼此相连的，具有逻辑规律性关系。正是这种系统与要素、层次与层次之间的关联性，使得这一教学体系得以形成并具有稳定性。

在思想政治教育体系中，整体与任一层次、层次与层次之间都有着相互制约与依存的关系。思想政治教育不仅具有导向指引下的整体性特征，而且还具有教育教学过程中的层次性特征，因而能够把一系列的要素联结为合理有序、层次结构分明的有机统一体，从而构成体系。综上所述，思想政治教育具有导向指引下的整体性和教育教学的层次性特征。

第二节 高校思想政治教育的现状

一、高校思想政治教育的成绩与问题

（一）高校思想政治教育取得的成绩

大部分学生在步入高校后，其思想政治素质普遍得到了提升。首先，大部分青年大学生都坚定拥护党的领导，认同近年来党中央的重大方针及政策。党的十九大胜利召开后，广大青年大学生深入学习领会新时代中国特色社会主义思想，并将新时代中国特色社会主义思想贯彻落实于学习与生活之中。其次，大部分青年大学生对国内外时事焦点与热点问题都保有较高的关注度，特别是发生在国内外的大事件，大部分青年大学生都会以各种方式加以了解；同时，针对纷乱复杂的国际局势、国内在经济快速发展过程中所涌现出的突出问题，广大青年大学生都能够时刻保持清醒的政治头脑，做出清晰的判断。大部分青年大学生积极践行社会主义核心价值观，并能够以正确的世界观、人生观以及价值观为指引，树立起明确的理想和信念。最后，大部分青年大学生在进行本专业知识学习的同时，课余时间都能积极投入各类社会实践活动。有的通过参与科研工作，持续提升自己的专业能力；有的积极参加社区工作，通过帮助社

会弱势群体，为构建社会主义和谐社会贡献自己的力量。不可否认，近年来高校思想政治教育工作取得了一些可喜的成绩，广大青年大学生的政治思想水平得到了普遍提高，但仍然存在一些不足之处，需要我们持续完善和改进。

（二）高校思想政治教育存在的问题

近年来，高校思想政治教育工作取得了可喜的成绩，但在时代不断发展、社会不断进步的过程中，也存在一定的问题和不足，具体表现在以下几方面。

1. 教育理念相对陈旧

因受传统教育理念的影响，高校思想政治教育工作中，无论是开展日常教育的辅导员，还是传授理论知识的思想政治教育教师，仍处于教学过程的主导地位，大部分仍然沿用传统的灌输式教育方式，忽视了青年大学生的主体地位，思想政治教育缺乏亲和力和针对性。另外，“立德”与“育人”相脱节。当前，在高校思想政治教育工作中，辅导员以及思想政治教育理论课教师往往重“立德”轻“育人”，具体表现为重形式、轻实质，往往只是片面地灌输思想政治理论知识以及倡导优良的道德风范，却很少能够在实践中真正完成“育人”这一环节，从而导致高校思想政治教育实效性不高。

2. 教学方式方法单一

诚然，随着多媒体技术的普及，现在很多高校的思想政治教育课堂中也引入了一些先进教学仪器与设备，但一些思想政治教师仍然沿用传统说教的教育方式。部分教师认为，思想政治教育教学内容相对理论化，无法充分将多媒体技术运用于其中；也有部分教师将传统的板书替换为 PPT 课件，但在讲授过程中仍然沿用说教的形式。此外，有些高校的思想政治教育教学仍然停留在课堂上，缺少必要的实践教学环节。传统封闭式的室内教学无法激发学生的学习兴趣，更谈不上实现师生之间的良性互动。

3. 教育内容缺乏创新

首先，思想政治教育理论相对比较枯燥，这就需要教师在讲授过程中既要重视理论的传授，又要紧抓时代性这一特征。然而，部分思想政治教育理论课教师在教学中往往重视对理论的宣讲，缺少理论与实践的结合，也就无法充分调动学生的学习积极性。其次，思想政治教育教学内容往往集科学性、系统性、理论性于一身，因此，无法最直观地解答社会上出现的焦点问题、热点问题，导致部分青年大学生在思想上形成了误区。最后，当前高校思想政治教育的各个环节都存在对校内外实践活动重视程度不高的现象。晦涩难懂的理论知识需要与青年大学生的实际学习、生活相联系，通过开展不同的社会实践活动，既能激发青年大学生的学习积极性，又能让理论知识在实践过程中进一步内化为学生自身思想层面的认识。

二、高校思想政治教育存在问题的成因

（一）教育内容及方法缺乏创新

一方面，高校思想政治教育在内容上无法完全满足青年大学生的成才需要。高校思想政治教育教学内容中的马克思主义理论以及中国化的马克思主义理论，既包含了马克思主义的基本理论与重要思想，同时也包含了中国共产党领导全国各族人民在长期的斗争与实践过程中所形成的中国化的马克思主义理论的结晶。虽然与中小学思想政治、思想品德等德育课程相比，高校思想政治理论课的教育内容在广度、深度上都有一定程度的提升，但随着时代的发展与进步，青年大学生获取知识的渠道越来越多元化，其思想也相对较为活跃，思维方式也更加新颖和个性化。因此，思想政治理论课教材未能紧跟时代发展的脉搏，导致部分大学生在思想政治理论课课堂上缺乏学习的兴趣和积极性，甚至认为思想政治理论课中的教学内容在中学已经学过。此外，面对全球经济一体化背景下西方世界不断涌现出的不良思潮，面对社会深度转型期所产生的一些不良风气，缺乏时代特性的教育内容无法给予青年大学生最直观的解答，他们所关心的社会问题、所产生的迷茫与疑惑得不到解答，因此，传统的教育内容也就无法满足高校大学生的成才需要，无形中也降低了高校思想政治教育的实效性。

另一方面，教育方式不够灵活。新时代中国特色社会主义事业更需要适应社会发展的全能型人才。然而，就目前我国的教育事业发展状况而言，素质教育的实施效果仍亟待提高。尤其是在初中、高中阶段，应试教育的教育模式仍然受到大部分学校的推崇。步入大学后，大学生仍然面临唯学历论、考证热、考研热、考公务员论等社会热潮的影响。高校思想政治教育教学也面临同样的困境，大部分高校的思想政治理论课教学仍然将考试的形式作为唯一考核标准。在课堂教学过程中，教师仍然采用课堂填鸭式的传统教学模式，并通过点名、布置作业等方式来保证教学质量，这无疑大大增强了学生学习思想政治理论的逆反心理。部分学生在课堂教学中不认真听讲，指望在课程结束时，通过老师画重点死记硬背来通过考试。这样的学习效果可想而知，学生的思想政治素质自然得不到提升。此外，部分教师在教学中仍然习惯于传统的教学方式，对教

育方式与方法缺乏创新，对现代多媒体教学技术存在抵触心理；同时，部分教师在教课过程中缺乏与学生的沟通交流，或者与学生的交流、见面仅限于课堂中，这也使教学效果大打折扣。

综上所述，教育内容与教育方式的落后客观上直接降低了高校思想政治教育的实效性。

（二）大学生自身因素的复杂性

近年来，随着高校的年年扩招，在校大学生的数量处于历史的峰值。此外，随着新一代青少年不断走进大学校园，他们的思想观念、行为方式表现出个性化、复杂化的特点。这都给高校思想政治教育提升了工作难度，在一定程度上影响了高校思想政治教育的实效性。

一方面，青年大学生群体的思想呈现出复杂化的特征。在全球经济一体化的背景下，我国社会主义经济发展水平得到了提升，广大人民群众的物质生活水平不断提升。全球经济一体化不但促进了世界范围内经济领域的深度融合，在思想观念上，不同的价值观之间也相互渗透、相互影响，这对青年大学生的思想观念也产生了深远的影响。出生于新时期的青年大学生思维活跃，具有强烈的主体意识；同时，他们尚未形成相对完整、稳定的世界观、人生观和价值观，因此，极易受到社会环境的影响。

因此，西方价值观的渗透以及社会不良风气的影响，都会对青年大学生价值观的形成产生最直接的影响。诚然，青年大学生的主流思想是积极向上的，但也有部分青年大学生存在拜金主义、享乐主义思想，认为高校思想政治教育对自己成长成才的实际用处不大，直接增加了高校思想政治教育工作的难度。此外，由于新一代青年大学生大部分都是独生子女，生长在相对优越的物质环境中，他们的成长始终伴随着家庭的殷切呵护，因此，他们在成长过程中很少经历过挫折和磨难。当他们离开家庭这个温暖的港湾，只身一人来到大学这一大环境中后，他们在独自生活、学习的过程中面临着一系列的问题。在这一过程中，他们的心理难免出现波动，思想认识也难免出现相应的变化，甚至出现心理问题，这也直接影响高校思想政治教育工作的实效性。

另一方面，部分大学生对思想政治理论课缺乏重视。教学既包含了教师的“教”，同样也包含了学生的“学”，它是教师与学生之间的双向互动交流的过程。因此，高校思想政治理论课的教学效果如何，并不仅仅取决于教师的教学水平如何、教学方法是否科学有效，同样也取决于学生的学习程度与效果如何。只有大学生真正将自己在思想政治理论课教学中学到的知识内化为自己的行为方式，高校思想政治理论课的教学效果才能真正得到体现。

（三）思想政治教育队伍整体水平不高

高校思想政治教育队伍不但包括负责日常教育的高校辅导员、负责高校思想政治教育理论课的专业教师，同时也包括高校各级党政干部以及共青团干部。高校辅导员承担着大学生思想政治日常教育的重任，他们与青年大学生接触最为紧密，时刻掌握着大学生的学习、生活动态，时刻关注着大学生的思想动态。因此，辅导员工作开展的实效如何直接影响着高校思想政治教育的实效性。思想政治理论课专业教师承担着向青年大学生宣传和传授理论知识的任务，帮助青年大学生树立正确的“三观”，践行社会主义核心价值观，提升大学生的思想政治水平。因此，思想政治理论课专业教师的思想观念直接影响着青年大学生思想观念的形成，他们的水平与能力直接关系到大学生的学习效果。然而在现阶段，受各种因素影响，高校思想政治教育队伍存在比较大的流动性和不确定性。部分高校的辅导员由高年级学生或者刚毕业的大学生来担任，他们的思想政治水平仍有提升的空间；同时，他们相对年轻，面对学生复杂的思想问题往往会显得经验不足。此外，部分高校的辅导员流动性太大，随时面临着岗位调整的压力，同时工作任务重、岗位不确定也极大地消减了他们的工作热情。而且在高校思想政治教育队伍中，真正来自思想政治教育专业的人员比例较小，部分辅导员为其他专业毕业，对思想政治教育所要求的工作方式与工作方法不能熟练掌握，这也直接影响了高校思想政治教育的实效性。

三、全媒体时代高校思想政治教育发展的制约因素

随着信息技术的不断发展，以新媒体与传统媒体深度融合为代表的全媒体已深入社会生活的各个领域，渗透到大学生的日常生活与学习中，深刻影响着他们的思维方式、价值取向和生活方式。在全媒体时代，高校思想政治教育迎来了前所未有的发展机遇，但同时也存在着许多制约因素，具体表现为主客体媒介素养问题的制约、传统教育载体的制约等。高校只有加强对这些制约因素的认识与理解，才能不断提升思想政治教育质量，推进思想政治教育创新发展进程。

（一）主客体媒介素养问题的制约

在全媒体时代，高校思想政治教育的创新发展必须坚持“以师生为中心”的教育理念，主动发现师生在新的环境与变化中存在的问题与不足，积极探寻解决问题的方法与策略。尤其是在全媒体这个复杂的媒介环境里，高校师生很

容易接收到一些负面信息，随时都有可能面临被不良信息侵蚀的困境。在这种情况下，高校思想政治教育主客体的媒介素养至关重要，唯有具备良好的、较高的媒介素养，拥有理性的信息思辨能力，才能满足全媒体时代对高校思想政治教育主客体提出的新要求。

1. 教育主体缺乏一定的媒介素养能力

在高校思想政治教育的创新发展过程中，部分高校的思想政治教育者存在对媒介理论知识与不同媒介的不同特点掌握不到位的问题，更没有形成依托全媒体开展隐性教育的能力。部分年龄偏大的教育者在思想政治教育活动中仍然采取传统的授课模式，甚至有部分教育者存在教育理念落后、授课内容过时的问题；更不必说将优质内容与新媒体技术相结合，将传统教育模式与当前的先进教育模式相融合，实现教育模式的兼容并蓄、共同发展。同时，随着全媒体时代的到来，部分教育者拥有知识、信息的优势地位明显下降。当他们面对受教育者已经知道或了解到的知识时，时常出现自己浑然不知或尚未了解的尴尬局面，又或者因对当下大学生的网络术语以及思维模式不够了解而使自己逐渐被边缘化。这在无形中弱化了思想政治教育者的话语权威和主导作用，思想政治教育的传统育人功能也因此受到巨大挑战。虽然部分教育者在思想政治教育过程中也存在使用媒介技术的现象，但大部分教育者仅仅是将媒介的多样化传播手段视为思想政治教育的一种工具，并没有将媒介素养本身视作一种素质教育，进而更好地提升自身的综合素养。而教育者之所以出现媒介素养意识薄弱与媒介素养能力较低的问题，主要有以下几点原因。

第一，教育者媒介素养的内容体系缺乏针对性。在信息爆炸式传播的全媒体时代，部分教育者对媒介专业知识与相关理论的学习与研究不够深入，对媒介缺乏一定的关注度与敏感度，对信息内容的了解相对缺乏，媒介应用能力相对较弱。教育者更多的只是被动地接受与传播信息，并未将自己的教育工作与媒介素养教育有效结合，形成统一的整体。

第二，媒介素养教育的管理与协调机制不完善。教育者的媒介素养提升与学校以及教育部等相关部门的支持与合作是密不可分的。学校、社会以及相关教育机构、部门都是教育者媒介素养提升的重要影响因素，对教育者媒介素养的培养与整体发展都具有重要的作用。部分高校与管理者在媒介素养教育体系建设中缺乏切实可行的文件与方案，在实施教学的过程中缺乏有效的指导，并且在组织课程教学与进行课后反馈评价时，关于媒介素养的内容有一定空缺，关于媒介素养的课程规划与管理体系也存在不足。

第三，部分高校虽然在媒介硬件设施的完善上做了很大努力，但在资源的合理化配置以及对校外有效资源的应用上都相对较弱。因此，学校有关部门要加强部门之间的协调与配合，加强资源的合理化配置与应用，完善人才培养体系。

2. 教育客体缺乏有效的媒介素养教育

当前，我国部分大学生因为缺乏对西方媒体性质的正确认识以及受到西方某些不良价值观念的影响，片面地认为西方所宣扬的如普世价值、历史虚无主义等就是客观、正确的，甚至出现盲目崇拜、大肆宣扬的现象。缺乏媒介认识与信息辨别能力的大学生在长期接触此类消极负面的媒介信息时，他们的政治信仰、道德观念以及法制观念都会受到潜移默化的侵蚀。在这种情况下，他们的精神家园会逐渐崩塌，甚至会出现自我迷失、盲目跟风现象，甚至走上犯罪的道路。同时，我们也要看到，在对外开放与市场经济迅速发展的背景下，在媒介多样化、自由化的状态下，一些大学生存在社会责任感缺乏、价值取向偏离，以及心理状态扭曲等严重问题，需要正确的指导与教育，高校思想政治教育亟须进一步加强与规范。此外，大学生在复杂的传播环境中，由于受这种交往环境的影响，其内在心理需求会发生相应变化并试图通过网络这种虚拟空间去寻找满足。这就导致了他们在这一过程中产生复杂的心理矛盾，从而出现一些心理问题或患上某些心理疾病。例如，大学生因为对外部世界充满好奇与渴望，便希望通过一定的方法来获得希望与力量并获得认同，以释放现实成长环境中的压力。而网络这个虚拟世界就可以为大学生提供这样一个满足自身需求的平台，他们可以在这里畅所欲言，不必担心世俗的偏见，他们或沉溺于网络游戏，或享受网络聊天带来的满足感；同时也可以满足自己的好奇心，进入网络的世界，在漫无目的的游走中刷一条新闻、看一会儿直播等，以满足自己的猎奇心理。当然，也有一些大学生因为在现实生活中很难找到自己的价值，很难获得他人的认同，因此会选择网上冲浪的方式来获得一时的满足与自由。这些都是大学生客观存在的心理需求，我们在看到媒介带给他们满足感的同时，更要思考这种需求是否合理，是否健康积极。大学生之所以出现上述现象与问题，主要是因为自身媒介素养薄弱，缺乏有效的媒介素养教育，具体原因包括以下几点。

①部分高校或教育者不重视大学生媒介素养教育。高校教育者对媒介的深刻认识是媒介素养提升的前提，而部分教育者对媒介素养的认识仅停留在教学过程中对 PPT 的使用，视频、音频的播放；甚至有些年长的教育者的教育理念

更加落后，依然采用“你听我讲”“满堂灌”的形式，并没有真正认识到媒介素养的重要性。面对多元化的媒介技术、传播渠道以及内容与方式的变化，他们多采取视而不见的方式或者消极应对。长此以往，教育者对待媒介的态度就愈加消极，进而影响到大学生对媒介素养教育的态度与认知。他们可能会产生消极的、厌烦的情绪，而不是端正态度，积极主动地去认识、了解、学习媒介素养知识，关注相关信息，参与和媒介素养教育有关的实践活动。

②缺乏有效的媒介素养系列课程与平台。当前，就媒介素养教育的具体实践而言，部分高校的媒介素养教育基本处于摸索阶段。尤其在媒介素养教育的课程设置方面，除了一些传媒学院开设传媒信息教育或现代教育技术等相关课程外，大部分高校还未形成较为完整的媒介素养学科体系或课程体系。因此，它的受众范围较小，尤其媒介素养教育的课程设置与应用范围依然是较为保守的，这就导致了部分大学生的媒介素养意识并不高，对媒介素养的认识也是较为浅薄的。所以，在全媒体时代高校思想政治教育创新发展过程中，应该将媒介素养教育融入思想政治教育的课堂理论学习过程。

③媒介素养教育需要实践交流的平台，而部分高校对媒介素养教育平台的搭建缺乏针对性与创新性，平台形式单一，以活动组织与交流居多，学习效果并不明显。同时，部分高校的媒介素养教育并未积极利用全媒体传播平台优势进行有效的信息传播，也未形成多样化的媒介素养资源分享平台，不利于学生进行全方位的交流与学习。

（二）传统教育载体的制约

随着全媒体时代的到来、媒介技术的迅速发展与广泛应用，越来越多的人表现出对美好生活的渴望与追求。同时，思想政治教育载体也变得更加丰富多元，不停变化自身的形态，以满足更多人的发展需求。思想政治教育载体作为思想政治教育理论的“搬运工”，在不断满足时代发展需要的前提下应结合思想政治教育实践，实现自身的不断创新与发展。但与此同时，传统教育载体在思想政治教育实践活动中遇到许多阻力，更多的问题也逐渐暴露出来，在一定程度上制约着高校思想政治教育的创新发展。

1. 教育工作者的思维理念缺乏创新性

一些高校之所以在传统教育载体的革新方面存在很多阻碍，首要原因就是高校思想政治教育工作者的思维理念缺乏创新性。习近平总书记曾多次强调思维、理念的重要性，尤其在全媒体不断发展的今天，更要增强网络意识、重视时代价值、转变传统思维方式，用互联网思维进行高校思想政治教育载体的创新性探索。但是在高校思想政治教育的具体实践过程中，部分教育者仍然坚持以“课堂为中心”“教师为主体”的教育理念，单纯依靠书面语言及单向灌输进行教学，在整个教学过程中占绝对主导地位，缺乏对全媒体时代高校思想政治教育环境变化与发展方向的探索。因此，也未能形成全媒体背景下的互联网思维。

2. 传统教育载体缺乏与全媒体的融合

在高校思想政治教育创新发展过程中，部分高校的传统教育载体与全媒体融合性不够，教育者在教育实践过程中多采取“满堂灌”或“宣讲式”的教育方式，对受教育者的特点以及个性化需求缺乏一定的了解；教育双方缺乏互动交流，教育载体未能充分发挥其功能，进而导致教育载体的有效性与针对性不足，无法满足学生多样化的精神需求，削弱了思想政治教育的效果。

在高校思想政治教育创新发展的实践过程中，由于传统教育载体与全媒体的融合性不强，使得高校思想政治教育载体的感召力与亲和力不强，各载体之间各自区块分割的问题也较为明显，不同载体之间缺乏积极配合，往往处于自发、离散的状态。这在一定程度上造成了高校思想政治教育整体性功能的分化，教育效果欠佳。具体来说，思想政治教育课程载体缺乏对全媒体资源与技术的利用与共享，未能及时更新思想政治教育内容，创新思想政治课程载体的授课方式，导致课程教育载体的影响力与吸引力降低，教育的实效性降低；思想政治教育活动载体单一，与全媒体技术结合度不高，没能有效依托全媒体打造学生喜闻乐见的线上学习平台，组织各类主题教育活动，激发大学生的积极性与主动性，无法满足大学生多样化、个性化的需求；高校思想政治教育工作者的管理理念落后，对思想政治教育管理载体的重视度不高，缺乏对全媒体技术的应用；管理平台的服务效率与质量较低，管理部门的体系不健全，线上与线下的联动机制不完善；各管理部门之间的信息资源整合滞后，在内容的发布与信息的传播上存在信息错误等现象，未能发挥全媒体的网络传播优势，也因此削弱了信息传播的及时性，缩小了传播范围。

（三）传统工作机制的制约

国家高度重视高校思想政治教育工作中全面协同育人机制的构建与完善，同时，也为高校思想政治教育机制的创新发展提供了前进的动力与方向。新事物的发展必然会受到旧事物的阻挡。在新时代全媒体发展背景下，高校思想政治教育协同机制的构建之路并不是一帆风顺的，因为高校思想政治教育协同机制的构建过程受到了传统工作机制各个方面的制约与影响。

1. 传统思想政治教育工作者的理念落后

传统高校思想政治教育工作者着重强调“社会本位”，过多地从学校立场出发去考虑问题，忽视了对教育对象“主体性”的思考，没有切实站在学生立场考虑学生的真实需求。中国特色社会主义建设进入新时代，对高校思想政治教育提出了“立德树人”的新要求。而在全媒体时代的具体教学实践过程中，部分高校在人才培养上依然存在教育内容、方式与载体落后的现象，没有遵循学生的发展规律，没有结合网络信息技术的发展趋势，没有突破“千校一面、万生一模”的传统模式。学校内部各部门之间也存在“以本部门为主”的错误观念，彼此缺乏沟通交流，难以形成有效的合力。同时，传统思想政治教育工作者理念落后，导致教育工作机制中出现了“线下教师”与“线上教师”联动性不强、相互协同性不够的问题。在全媒体时代，高校思想政治教育工作面临着现实与网络两大教育场域，大学生既要与“线下教师”开展思想政治教育活动，又要受“线上教师”的影响。因此，“线上教师”也成为“全员教育”中的重要一员。同时，线下教师所传授的知识与内容随时都要受到“线上教师”的监督与检验，进而也增加了现实教学的难度。新时代高校思想政治教育的根本任务是立德树人，旨在加强对大学生理想信念与社会主义核心价值观的培养，提高大学生的政治素养、思想道德素养以及法治素养等。而在全媒体时代，随着网络信息技术的发展，全媒体传播的部分信息具有隐蔽性、虚拟性以及娱乐性的特点，这些信息的可靠性与真实性很难在短时间内得到验证，甚至有些无法考证。当现实教学过程中的“线下教师”与网络上的“教师”所传递的信息不一致时，部分信息分辨能力较差的大学生就会对“线下教师”产生怀疑。同时，由于二者缺乏协同性，因此思想政治教育工作者的权威地位就会下降，权威性日益被消解。

2. 传统思想政治教育工作机制缺乏协同性

高校各部门的工作机制平台建设存在分散化、系统性与联动性不强的问题。高校各部门的工作机制、平台只是针对本部门具体工作建立的，只是机械性地进行高校思想政治教育工作，缺乏整体性与系统性。同时，各部门的工作平台是以传统的自上而下的形式构建的，学生的主体性得不到发挥，个性化需求难以满足，降低了学生参与思想政治教育工作的积极性与主动性。此外，高校思想政治教育工作还存在教学、科研与管理之间分裂的现象，导致各部门工作平台建设的协同性不强，既浪费资源又影响工作平台有效性的发挥。

具体来说，高校传统思想政治教育工作机制中的制度体系不健全，缺乏针对性与协同性，工作机制相对缺乏顶层设计；甚至有些高校的工作制度存在很大程度的趋同现象，缺少高校本身的特色，导致思想政治教育的实效性降低。因此，在经济全球化、媒介形态多元化、价值多元化的新时代背景下，高校思想政治教育要进行改革与创新，更应该加强制度体系构建的顶层设计。在教育环境与教育需求不断变化发展的新时代，传统的高校思想政治教育工作制度缺乏与时俱进的创新精神，各工作平台之间的协同与融合缺少弹性、缺乏灵活性，导致各项制度的协同性与实操性不强。因此，高校思想政治教育机制创新，要更多地关注学生成长成才的实际需求、教育者的发展需求，而不是局限于某个部门、以部门利益为先，忽略了高校思想政治教育机制的全局性、系统性发展。

3. 传统思想政治教育工作机制缺乏与家庭、社会的联动

构建高校思想政治教育的协同育人机制，需要做到全部人、全过程以及全方位的有效协同。除了学校内部需要构建有效的合力机制以外，学校与家庭、社会也要积极配合。而在传统的思想政治教育工作机制中，高校与家庭的互动是很少的，很少采取网络交流或者电话访问的形式进行沟通交流，往往忽视了家庭对大学生思想政治教育的重要性。高校与社会的联动性主要体现在社会实践活动中，但部分高校并不重视大学生的社会实践活动，甚至有些也只是形式主义，并不注重高校大学生实践活动的内容与主题。同时，部分高校对社会热点事件、新闻的追踪与了解也缺乏敏锐性，忽略了大学生的真正发展需求，不利于大学生集体意识与社会责任感的培养，不利于高校思想政治教育全员、全过程、全方位的协同性发展。

第三章　高校思想政治教育的基础理论

在现代高校教育中，思想政治教育属于不够完善的部分，存在普及面较窄、教育对象趋势化、普及意识较弱等问题。同时，部分在职高校思想政治教育人员对自己的职业也存在误解，没有足够的工作热情、积极的工作态度和无私的奉献精神。上述问题的存在都会影响高校思想政治教育的成果。面对上述问题，本章将从四个方面，即高校思想政治教育的内涵与作用、高校思想政治教育的内容、高校思想政治教育的任务入手来深入探讨、研究、解决这些问题。

第一节　高校思想政治教育的内涵与作用

一、高校思想政治教育的内涵

目前，学术界并没有一个对思想政治教育的标准定义。一部分学者认为，思想政治教育的重点在于政治，教育的根本目的是实现社会政治化，这部分人的研究对象重点放在政治思想、政治观念和政治行为的修正和培育上；还有人指出，道德是思想政治教育的侧重点，而如何提升人的道德品质和道德修养，使人形成高尚的人格，才是思想政治教育的重点；另一部分人认为上述两种和心理、道德相关的教育都属于思想政治教育，该观点属于较宽泛的定义。

思想政治教育属于教育实践活动，而按照一定要求和需要培育符合标准的社会成员的过程叫教育。总的来看，思想政治教育有广义和狭义之分。狭义方面主要指学校教育，即有目的、有计划地培养学生的思想政治品德、政治素养、政治水准和健康心理，让他们符合所要达到的社会标准。而为达到此目的所开展的一系列思想政治教育活动，是高校思想政治教育的主体。除了教授学生专业知识和实用技能外，高等学校的另一个重要任务就是进行大学生思想政治教育。

高等学校对大学生的思想政治教育往往体现在“德”上。高等学校德育的任务是以马克思列宁主义、毛泽东思想、邓小平理论、“三个代表”重要思想、科学发展观、习近平新时代中国特色社会主义思想等为理论基础，教导大学生沿着社会主义方向树立起科学的世界观和人生观，培养优良的思想道德品质，将马克思主义的“三观”作为思想支持，逐步具备认识世界、改造世界的能力，成为具有崇高理想、高尚品德、丰富文化的社会主义建设者。

在中国，高校思想政治教育有多年的发展历史，已经形成比较完善的教育工作体系。“育人为本、德育为先”是教育思想的基石，在坚持该思想的同时，我们可以将思想政治教育分为“内化”和“外化”。对于内化教育的理解比较抽象。比如，在接受道德准则相关教育的时候，学生在课堂上学习之后，在生活中主动将接收到的道德规范当作自身行为的指导准则，将学到的东西变成自己性格和行为准则的一部分，这样的内化教育就是成功的。而外化教育则显得更加具体，即将人的意识具体化、具象化、对象化、客观化。比如，高校中举办的各种活动，这些也可以在很大程度上对学生产生影响。

在新形势下，要把促进学生全面发展和综合实力的提高作为培养目标，核心是德育教育。在教学活动中，要分析研究学生的群体特点，小课堂与大课堂、学校与社会、解决思想问题与解决实际问题、他律与自律、灌输与渗透都要做到两手抓，要有创新精神，因材施教，从而达到最佳教育效果。随着时代的变革，大学生思想政治教育工作已经融入高校师生的日常工作和学习，其所涵盖的内容也在不断发展、丰富。

高校思想政治教育的核心内容可以说已形成一个比较完善的体系，政治教育是拥有最高地位且任务最艰巨的，在整个体系中占有主导地位；思想教育具有普遍性、认知性、经常性特点；道德教育、心理教育、法纪教育则是最基本的教育。总的来说，高校思想政治教育的最终目的就是使大学生认识和学习思想政治教育的根本理论，了解其实践的规律和方法，能够运用马克思主义的观点进行思考，并分析现实社会中遇到的问题。对于大学生思想政治教育，除了注重知识理论的教授外，还应注重对前沿知识理论的研究和探索。

二、高校思想政治教育的作用

高校思想政治教育的作用体现在引导、激励和调节三个方面。

（一）引导作用

思想政治教育明确指出了社会发展和个人发展的意义和方向，而高校思想政治教育可以引领学生提升觉悟、提高认知社会事件的能力，引领其看清世界、树立正确的“三观”，从而使其在以后的人生道路上选择正确的目标和道路。

一个人的面貌往往分为两个方面：思想和行为。思想政治教育的重要任务是帮助人们克服思想、行为不一致的矛盾，使二者达到统一。让学生形成符合社会要求的思想，并把人们心中正确的思想转化为实际的行为，是思想政治教育的重要作用。

（二）激励作用

思想政治教育也具有激励作用，即通过教学和实践活动引导高校学生凝聚动力，向着正确、坚定的人生目标不断进取，确立正确的政治方向；激发大学生高昂的斗志和热情，使他们奋进的意志更加坚定，更加忘我地投入社会主义现代化建设，为实现中华民族伟大复兴而不断提升、完善、超越自己。

（三）调节作用

思想政治教育中的道德教育和法治教育可以让高校学生的行为更加规范化、社会化。个体将特定社会所认可的行为准则加以内化，从而做出符合社会所要求的行为的过程，称为行为规范社会化。它的意义在于调节个人和他人之间、社会之间、国家之间、自然环境之间以及团体和团体之间的各种矛盾。通过开展思想政治教育，可以有效教导学生什么是符合标准的行为，该鼓励什么、该批判什么、该抵制什么、该表扬什么，提高大学生辨别是非、真假的能力。

第二节　高校思想政治教育的内容

在新时代，高校思想政治教育教学内容在体现理论性、合理性以及政治性的过程中，还要进一步彰显其内容的特色性与时代性。思想政治教育随着实践的不断发展而逐渐更新理论内容，思想政治教育教学内容应充分遵从社会发展与学生成长的基本规律，真正做到与时俱进、靠近现实、贴近日常生活。因此，高校需要进一步拓展和深化思想政治理论课的教学体系和教学内容，提升教育的亲和力和针对性，更好地满足大学生的需要。

一、坚定大学生的马克思主义信仰

2019 年 11 月 16 日，《求是》杂志发表了习近平总书记的重要讲话内容：《学习马克思主义基本理论是共产党人的必修课》。中国特色社会主义大学必须坚持马克思主义在意识形态中的领导地位，教导大学生信仰并贯彻马克思主义，为他们的成长成才奠定科学而坚实的思想理论基础。

第一，用马克思主义理论武装大学生头脑，培植共产主义理想。社会主义意识形态的灵魂正是马克思主义，它是共产党人拼搏进取的精神旗帜，是各族人民创造社会主义新胜利的共同思想基础。新时代的大学生要树立共产主义远大理想，守护纯净美好的精神家园。马克思主义的当代价值之所以能够越发彰显，关键在于其始终站在道义的制高点上，始终掌握着真理的力量。马克思主义不仅是高校思想政治教育的根本指导思想，还是高校思想政治教育最重要的教育教学内容。只有深刻了解马克思主义思想，守望崇高的伟大理想，坚定对社会主义和共产主义的执着追求，高校学生才会对种种错误思潮产生“抗体”，保持对马克思主义的坚定信念和深厚情怀，乐于接受马克思主义智慧的滋养。

第二，摒弃宣传和教育中的“假大空”，回归马克思主义的本真。长时间以来，高校思想政治教育内容显得过于书本化。在教学实践中，部分教育者不能依照信仰确立的特点和规律来指导大学生，仅仅生搬硬套书本上的词句内容一味灌输，既没有让大学生明白为什么要有信仰、如何确立信仰，也没有阐明马克思主义为什么是唯一的、科学的信仰，导致在学生心里，马克思主义信仰成了虚无空洞的概念，理论脱离实际，使学生产生厌烦感，给信仰教育造成不利的影响。新时期的思想政治教育内容应在汲取原有思想政治教学内容精华的基础上，注重新思想、新理念、新科技，精确把控新形势下提出的全新要求并加以消化和总结，进一步增加知识的整体含量，丰富思想政治教育教学内容，从而形成全新的科学理论。近年来，世情、国情和党情不断发生深刻变化，伴随而来的是价值判断与选择的多元性。马克思主义理论在大学生中遭到“冷遇”，很大程度上是由教育工作者自身因素所致。一些教师对马克思主义理论的系统研究不足，往往一知半解却盲目模仿，热衷于高谈阔论而肆意跟风，造成宣传教育由于没有理论根基而空洞无物，由于缺乏思想底蕴而乏味枯燥。马克思主义理论的独特魅力来自其本真，来自其深邃的思想和实践价值。只有摒弃宣传和教育中的“假大空”，恢复马克思主义的原貌，有针对性地开展马克思主义宣传教育，才能以马克思主义的本真力量征服大学生。

第三，要与时代环境相结合，创新和发展地看待马克思主义。马克思主义作为一种实践性科学，决定了它必然具有与时俱进的理论品质。实践的观点是马克思主义哲学的基本观点。马克思主义哲学植根于实践、服务于实践，但实践总是具体的、历史的，马克思主义要坚持以实践为基础就必须站在时代的前列，反映时代进步的要求，抓住时代的主题，回答时代提出的迫切问题。实践是一个不断变化发展的过程，随着实践的变化发展，必然会出现各种各样的新情况、新问题，这就要求以实践为基础的马克思主义必须坚持与时俱进。

二、用“中国梦”促进大学生树立远大理想

“中国梦”的目的是实现中华民族伟大复兴，而强国必先强教，要想国家一流必须先做到教育一流。中华人民共和国成立后，尤其是改革开放以来，发展教育都是共产党和国家的优先战略部署，也是“中国梦”“教育梦”的重点。教育是富国强国的根本基础，是民族振兴不可或缺的一环，是实现全面幸福小康的重要途径，所以我们要优先发展教育，用教育梦推动“中国梦”，把“中国梦”深刻融入思想政治教育的过程。这也是思想政治教育取得成功的重要保障。

第一，使大学生认识到自己是实现“中国梦”的重要中坚力量。青年人是国家建设的主力军，“中国梦”的实现需要更多有为有志的青年去奋斗、去奉献。随着时代的发展，诱惑越来越多，可供选择的发展机会使他们眼花缭乱，同时也带来了更多的挑战和竞争。但大学生在面对机遇时要明白，为了实现祖国伟大复兴而奋斗才是青春最好的奉献方式，才是为“中国梦”的实现付出了自己的全部力量。当代大学生是新中国的接班人，民族复兴伟大事业的接力棒就要交到青年人的手中了，伟大的民族共同梦想也已经寄托到了新一代青年人的身上。因此，大学生必须牢固树立社会主义信念，坚定走中国特色社会主义道路的信心，坚持中国共产党的伟大正确领导，担负起时代和民族赋予的使命和责任，无愧于党和人民的期望。

第二，激发大学生树立“中国梦”的共同理想。激发大学生的青春梦想，张扬大学生的理想风帆，不断为“中国梦”汇聚中华民族的正能量，是高校思想政治教育的本职和神圣使命。大学生应该与时代共舞、与人民同鸣、与祖国共进，与“中国梦”同生共融。当代大学生不仅拥有扎实的专业知识、昂扬向上的青春激情、艰苦奋斗的意志品质、活跃灵动的创造思维，更具有不怕困难的闯劲、不畏挫折的拼劲、不惧艰难困苦的冲劲，必然成为当代中国社会创新发展的主力军和动力之源。“中国梦”为大学生搭建了广阔的成才平台，使大学生在践行民族的“中国梦”和个人的“青春梦”的过程中坚定信念、增强自信，勇敢地走在中国特色社会主义道路上，成为社会主义现代化建设的重要执行者。

第三，鼓励大学生在践行“中国梦”的过程中书写人生新华章。要引导

大学生确立自己的人生目标和理想，并以此为目标不断奋进。鼓励学生坚定地承担起历史使命，勇敢地面对各种挑战，在实现“中国梦”的实践中闪现出耀眼夺目的青春光芒，打造出精彩纷呈的靓丽形象，书写出跌宕起伏的华彩乐章。“空谈误国，实干兴邦”，高校要教育大学生在实现“中国梦”的漫漫征程中，用顽强的意志克服困难、用勤劳的双手成就梦想，这是创造美好生活的必然途径。高校思想政治教育要将大学生培养为“中国梦”的践行者和创造者，为实现“中国梦”展现自身独特的魅力。

三、积极培育和践行社会主义核心价值观

社会主义核心价值观是中国共产党人深度的智慧结晶，彰显了高度的价值自觉、自信和自强，表明其对中国特色社会主义发展规律的深入思考。“倡导富强、民主、文明、和谐，倡导自由、平等、公正、法治，倡导爱国、敬业、诚信、友善，积极培育和践行社会主义核心价值观”，共产党人从三个方面对社会主义核心价值观进行了精炼、高度的概括。它的确立不仅体现了中国共产党人在理论上对社会主义有了更深的认识，更是在实践上做到了不断进步。一个社会所倡导的价值观能否与时俱进、深入人心，会直接关系到这个国家能否形成强大的凝聚力。作为社会主义核心价值观的重要践行者，大学生只有了解并践行社会主义核心价值观，将来才能成为建设社会主义强国的接班人。高校应该通过采取一系列行之有效的措施，使大学生真正理解并在实际生活中践行社会主义核心价值观，肩负起青年人的历史使命，不负青春年少，在实现中华民族伟大复兴的中国梦的征程上书写自己的壮丽青春。

第一，扣好人生的第一粒“扣子”，使大学生成为社会主义核心价值观的坚定信仰者。2014 年在同北京大学师生座谈时，习近平总书记语重心长地强调：“我为什么要对青年讲社会主义核心价值观这个问题？是因为青年的价值取向决定了未来整个社会的价值取向。”面对敌对势力的干扰和各种错误思潮的影响，大学生的政治信仰、理想信念和价值取向不可避免地受到冲击和挑战。因此，高校要引导大学生开展积极向上的校园文化活动，积极参加传承奉献精神的青年志愿服务活动和社会公益活动，培养大学生的爱国情怀、敬业精神、诚信品质。高校大学生是国家宝贵的人才资源，是民族的希望，是中国特色社会主义事业的可靠接班人，他们的思想道德素质、价值观状况关系着国家的前途与命运。社会主义核心价值观的提出为高校价值观教育指明了方向，明确了当代大学生价值观教育的实际目标。高校只有教育好青年学生，才能为中国特色社会主义建设事业提供源源不断的精神支撑和人才支

撑。当前，我国处于改革转型时期，民众的价值观越来越多元化、复杂化，这对公民社会主义核心价值观的形成无疑产生了冲击。而当代青年学生作为在中国改革开放和现代化飞速发展时期长大的新一代年轻人，他们的价值取向直接影响到中国社会主义的稳定和中国特色社会主义建设事业的未来。高校是国家培养人才、孕育先进科学研究和传承社会文明的重要基地，高校教育中的社会主义核心价值观教育非常重要。

第二，帮助大学生明晰价值目标、坚持价值取向、遵守价值准则，使大学生成为社会主义核心价值观的传播者。在目前复杂的社会背景下，要准确把握主流意识形态，在青年学生面对价值选择困惑时，用社会主义核心价值观对其进行教育和开导，教会他们正确地选择和取舍。由于青年学生正处于价值观形成时期，所以迫切需要用社会主义核心价值观对其进行正确且强有力的引导。中华人民共和国成立以来，中国共产党一直致力于为建设社会主义现代化国家而不懈努力；始终用中国特色社会主义伟大事业凝聚大学生；用未来中国的美好前景吸引大学生，教育大学生自觉担负起民族复兴的历史责任，为把国家尽快建成现代化国家矢志不渝、挥洒汗水、奉献青春。“自由、平等、公正、法治”作为社会层面的社会主义核心价值观，为大学生成长确定了明确的价值取向。我国正处于社会转型期，其社会结构、利益关系、利益格局的重大变化正在深刻地浸染着人们的社会心理，也直接冲击着人们原有的思维方式，社会上的种种错误思潮对大学生造成的影响是极其明显的。大学生在践行社会主义核心价值观的过程中可以检视和反思自己思想和行为中的模糊认识，明辨是非曲直，匡正失范行为，为建立公平、和谐的社会做出应有努力。“爱国、敬业、诚信、友善”是公民对国家、职业、社会和他人应秉持的价值追求和道德准则，是对中华优秀传统美德、中国革命道德以及社会主义道德的薪火相传。

第三，构建有利于大学生价值观培育的长效机制，教育青年学生切实践行社会主义核心价值观。随着教育体制改革的日益深入，高校过去几乎与社会隔绝的教学格局慢慢被打破，高校从传授知识的场所变为教学与科研实践相结合的场所，大学的封闭性慢慢消失。从前“两耳不闻窗外事，一心只读圣贤书”的高校师生慢慢变成了真正承担社会责任的社会角色。摒弃“单一式”“封闭式”“灌输式”的教育模式，因材施教、贴近实际，做到理论教育与实践相统一才是有利于大学生价值观培养的长效机制。培养人才要有创新性和前瞻性，完善的制度机制能够保障社会主义核心价值观的培育和实施。不断面对新挑战的高校思想政治教育，要结合社会实际和大学生思想特点，进一步改进、创新育人机制，将培育大学生的社会主义核心价值观作为一项系统工程。

四、弘扬和传承中华优秀传统文化

民族文化是一个民族存在的证明和血脉的流传，是本民族人民的精神家园和宝贵财富。如果没有民族文化的引领，没有人民精神世界的丰富，一个国家和民族不可能屹立于世界民族之林。优秀民族传统文化的引领对于实现中华民族伟大复兴是极为重要的，要将中华优秀传统文化和现代高校思想政治教育完美结合，在教学中用中华传统文化的精华滋养大学生的心灵，用优良的传统品德引导大学生树立正确的人生观、价值观、世界观。

第一，用中华传统文化的精华滋养当代大学生的心灵。民族文化是一个国家和民族的灵魂所在，传统文化又是民族文化中最具特色的内核部分，具有极大的魅力和凝聚力，是我们中华民族最为宝贵的精神财富，是文明之根、文化之魂。在开展高校思想政治教育时要传承和弘扬中华民族的爱国主义精神。中华文明绵延数千年，必定有其独一无二的价值体系，中华民族的基因中已深深融入了优秀传统文化的精髓，它传递了中华民族最坚定的价值信念。在对西方文化倡导的个人主义、极端利己主义思想的批判中，中华民族战胜艰难困苦、追求美好幸福生活、实现民族发展进步的强大精神力量起着支柱般的作用。拥有这样宝贵的精神文化资源，更要引导大学生从中华传统文化中汲取精华，滋养他们的心灵，使他们坚持善良的品质，让他们的爱国主义热情和为国献身的动力不断高涨。

第二，以中华优秀传统文化涵养当代大学生的价值观。中华传统文化中的道德教化思想对当代大学生的价值观塑造有着积极的影响。中华传统文化崇尚和谐统一，体现在以下两方面。一方面，主张国与国之间、民族和民族之间和平稳定，我们一贯主张通过和平对话而非暴力方式来解决争端问题。正是在这样的传统思想的引导下，中华民族成为一个爱好和平、心胸宽广的民族。千百年来，炎黄子孙都有着爱好和平、谦虚友善的性格特点和价值取向。另一方面是家庭方面，“己所不欲，勿施于人”思想对当代大学生的教育意义是非常深远的。价值观是内化于心、外化于行的理念，将中国传统优秀文化内涵融入大学生的思想和行为，具有根本的导向性价值。在思想政治教育中要引导青年学生树立正确的“三观”，领会权利和义务的一致性，既尊重每个公民的个人合法权利，在这之前又把国家和人民的利益放在首位，实现个人和集体利益的平衡和谐。这种宽容精神、大爱精神、集体意识、家庭意识、社会建设责任感的培育对高校思想政治教育至关重要。

第三，在高校教育中积极宣传中华优秀传统文化。中国传统文化造就了我们民族生存的社会文化环境和氛围，传统文化已深深地融化于中华民族的思想血脉中，积淀成独特的遗传基因，滋润着民族的心灵。浸润在现代科学中的大学生，其思想中一旦融入优秀的传统文化，会自然而迅速地唤醒历史的记忆，达到理想的教育效果。要挖掘传统文化中的精华部分，拓宽教育面，结合传统文化中的人文精神和对人格的培养开展教育，结合时代发展潮流不断更新内容，让中华优秀传统文化散发出耀眼的光芒。要引导当代青年学生正确塑造人格、培养优良品质，创新教学机制，做到社会与学校产教一体化，提高当代大学生的人文素养，实现中华民族传统文化的传承和创新发展。

进入新时代后，高校思想政治教育也要及时做出改变，拥有创新的思路、跟上时代的发展步伐才能更好地达到教育目的。高校思想政治教育不是一个短期的行为，而是一个重大的历史任务，关乎着中华民族未来的命运，所以在教育开展过程中一定要坚持以马克思列宁主义、毛泽东思想、邓小平理论、“三个代表”重要思想、科学发展观、习近平新时代中国特色社会主义思想等理论为指导思想，在创新中不断进步，不断丰富高校思想政治教育工作的内涵。要致力于形成高校内良好的思想政治教育氛围，使学生自发去学习、主动去了解，最后接受和消化思想政治教育内容，并将其运用到未来的工作和生活中，为实现中华民族伟大复兴贡献力量。

五、加强党史和国史教育

高校作为党史国史教育、宣传和研究的重要阵地，理应做好党史国史的教育、研究和宣传工作，引导大学生真学、善思、活用，从中获得知识的武装、智慧的启迪、思想的提升，从而充分发挥党史国史的育人功能，培养大学生热爱党、热爱祖国、热爱社会主义的深厚感情。只有深入了解党史，才能知史爱党，做到知史兴国、一心向党，坚定实现中国梦的决心和信心。

第一，大学生要学好党史国史这门“必修课”。在新中国过去的历史中，中国共产党团结带领人民取得巨大成就，而其所经历的困难和风险也是罕见的。中国共产党在历史发展中经历过多次挫折，教导大学生正确看待党的历史上的曲折和失误，从中吸取可贵的经验教训，更有助于他们完善自身思想，寻求成功的规律和方法，对青年学生走上正确的成长道路是非常有借鉴和帮助意义的。以史为镜，可以知兴替，中国五千年的历史是宝贵的、独一无二的，而从历史兴亡中得出的世界发展规律是最为深刻的，蕴含着古人的全部智慧。历史中蕴含着十分丰厚的治国理政理念和与人相处、为人处世的道理，多读历史可以以更加高远的历史眼光看待问题、解决问题。

第二，在高校思想政治教育中开展党史国史教育的根本目的是培养信念坚定、道路自信的新时代青年人才。中国既有深厚的历史渊源，又有广泛的现实基础，如果高校学生不去了解中国的历史渊源和深厚文化，尤其是不了解近代以来中国的历史变迁的话，就很难把握共产党和社会主义所选择的发展道路，很难全面深入理解历史所选择的发展道路。通过对中国共产党在革命、建设等重要时期的伟大抉择的学习和了解，可以加深其对社会主义制度优越性的思考，让青年学生在思索中获得启发，增强其民族自信心和认同感，激励学生不断完善自我，为中国特色社会主义建设事业奋斗终生。

第三节　高校思想政治教育的任务

思想政治教育理论是以实践为基础的，需要在实践中进一步发展。思想政治教育是在马克思主义传播的过程中与新中国和共产党一起成长并不断完善的，而高校思想政治教育是对中国传统思想政治教育和现代思想政治教育的融合和开创。

一、传递社会要求

人的本质是一切社会关系的总和，人的生活离不开各种社会关系，人总是扮演着一定的社会角色。社会角色是社会对人在不同社会关系中的地位、权利、义务、行为的规定。进入大学后，学生的生活开始面临极大的环境变化。从单调的高中生活过渡到更为复杂的“社会化” 生活，同学和老师、校内和校外、现实场景和网络虚拟世界、同性和异性，大学生面对的社会关系广度和深度都扩展了；班级、团支部、系总支、学生会、社团活动，大学生要面对的组织层次也更繁杂；寝室外的班级活动、校级活动、校外活动的出现，更是拓宽了大学生的活动空间。他们的角色逐渐复杂化，许多行为规范的约束作用越来越大。面对错综复杂的社会关系和行为规范，大学生有时会不知所措，容易出现角色冲突或角色混同现象。大学生思想政治教育的主要任务是教导学生学会做人，学会处理各种关系。思想政治教育通过课堂教育向学生传达社会的期待，教学生了解和遵守社会承认的权利和行为准则，将其融入日常生活中的行为选择，作为烂熟于心的行事准则；并且主动地向他人传递正确的价值观，更要熟悉自己的社会角色，在社会生活中保持个人与大环境的和谐统一。

二、加强心理健康教育

心理素质是一个人的心理过程和心理特征的总体表现，它是人类认知、意图、行为、个性、气质和能力的综合体现。大学生刚刚成年，其心理刚刚从幼稚开始走向成熟，面临许多心理压力和内心冲突，情感是不稳定的。消除这些心理矛盾和压力对大学生的健康至关重要，关系到大学生未来能否成为优秀的社会主义建设者。所以，加强大学生心理健康教育是大学生成功实现社会化的关键。高校思想政治教育要普及心理健康知识，提高大学生的心理保健意识和心理调适能力，帮助大学生处理好情感上和思想上的问题，解决生活和学习中的实际问题，培养自尊、自信、自爱的良好人格和品质，使其在面对挫折时也能保持积极的心态，不丧失信心和勇气。

三、正确引导政治方向

高校思想政治教育的首要特征就是政治性。大学生是人民群众中最具生命力和创造力的一个群体，要给予高校思想政治教育工作更多的重视，坚持以马克思主义中国化最新理论成果为指导，加强理念信念教育。要以爱国主义为基点，引导青年学生树立正确的政治思想观，将自身的前途命运与国家和民族的前途命运紧密相连，正确认识和对待各类社会矛盾，把实现中华民族伟大复兴中国梦的满腔热情转化为刻苦学习、努力工作、报效祖国的实际行动。新时代大学生的社会化面临着各种认同危机。在这样的背景下，高校思想政治教育要紧跟社会发展的步伐，以“三势”（因势而谋、应势而动、顺势而为）和“三因”（因事而化、因时而进、因势而新）为基本理念，遵循“四服务”（为人民服务，为中国共产党治国理政服务，为巩固和发展中国特色社会主义制度服务，为改革开放和社会主义现代化建设服务）和“三培养”（高校思想政治工作关系高校培养什么样的人、如何培养人以及为谁培养人这几个根本问题）的方向与要求，明确新时代高校思想政治教育的发展方向和根本目标，切实将思想政治教育贯穿于大学生社会化的全过程，帮助大学生认清经济、政治、文化领域面临的前所未有的复杂情况，引领大学生顺利实现社会化，培养他们成为社会主义建设事业的有力执行者。

四、开展道德教育和法治教育

行为规范社会化，是个体将特定社会所认可的行为准则和规范加以内化后形成符合该社会所要求的行为的过程，其作用在于调节个人与他人、个人与社会、个人与国家、个人与自然环境、团体与团体之间的各种社会关系。在高校思想政治教育中，要通过道德规范教育和法纪教育促进大学生行为规范社会化。

①道德教育是大学生人格塑造的关键，它包括中华民族优良传统道德教育、社会公德教育和道德评判能力的培养、社会主义道德教育、职业道德和环境道德教育。高校思想政治教育以践行社会主义核心价值观为根本内涵，倡导“爱国守法、明礼诚信、团结友善、勤俭自强、敬业奉献”，在遵守基本道德规范基础上鼓励人们追求更高的道德水平。

②法治教育是新时期思想政治教育的一项重要、艰巨的任务。随着改革开放的不断深入，法治教育越来越显示出它在思想政治工作实践中的重要作用。作为社会主义事业的未来建设者，大学生的法律观念、公民意识与社会的发展直接相关，所以必须通过教育让他们更好地了解法律、尊重法律、捍卫法律，学会通过运用法律手段解决生活中的争端和矛盾，用实际行动支持依法治国事业，把法治变成信仰、化为实际。

五、增强大学生内心的满足感

学生在思想政治教育活动中的主观感觉是满足感，思想政治教育获得感的原动力正是学生的内在需求。详细来说，首先，学生具有显著的主观能动性以及自觉挑选性，在学习有关基础理论知识的过程中，他们并不是单纯地复制所学内容，而是对这些知识进行消化与吸收。高校思想政治教育要利用社会主义核心价值观来科学指导与引领学生，让他们产生积极向上的情绪，切实帮助广大学生树立坚定、正确的理想信念，形成科学的思维模式，进而得到心理上的认同感。其次，学生在思想政治教育中占据主体地位，他们内化的价值理念与思维模式都将体现在其实际行动上。学生不是被动接受知识的客体，而是具有强烈自主意识的主人翁。高校思想政治教育要利用丰富多彩的社会实践活动，例如，组织学生参加志愿者活动、文化体育活动或知识竞赛等，使其在提高个人能力与实现个人价值的同时得到满足感，切实满足学生的自身需求与全面发展的需要，增强广大学生的幸福感以及归属感。最后，学生之间具有明显的差异性，他们的成长环境、喜好与性格特点等方面有着较大区别，这让学生在情感、素养、认知以及能力等诸多方面都表现出完全不同的倾向。因此，思想政治教育应充分尊重学生之间的差异性，全面了解学生的潜在能力和兴趣，努力发挥他们的自我优势，鼓励并支持学生自由发展，从而提高他们的精神境界，使其自我价值得到真正实现。

六、增强思想政治教育实践的互动性

高校思想政治教育是教师与学生双向互动的过程，彼此应在这一过程中扮演好各自的角色。教师要向学生提供高质量的教学内容，将基础理论知识进行整理和吸收，让教学内容尽可能贴近学生日常生活；要充分运用好课堂教学这一主渠道，努力提高自身的语言艺术，探寻教与学之间的契合点。教师要做好课堂教学的指引者，为学生提供自由谈论的空间，让学生成为课堂的主导者；要构建自由探讨的平台，让学生成为课堂的主角，进而达到预期的课堂互动效果。在双方沟通交流时，需要注意彼此身份的平等性，积极融入情感要素，以便推动彼此进行更深层次的交流，在课堂活动中构筑信赖感，实现情感上的认同。

此外，为了更好地开展深层次交流活动，教师应做到实体互动与虚拟互动有效结合，拓展互动形式，加强育人过程中的生活化，让双方在实际参与中体会到愉悦感。而对于学生来说，则应增强自觉性，努力学习和内化马克思主义相关理论知识以及思想政治基础理论内容，提高个人认知水平，促进知识素养不断提升。学生积极踊跃地参加教育活动，和教师进行良性互动，让教师的供给与学生的需求协调统一，这样可以在学习知识、提高精神境界的同时得到全新的价值支撑力量，产生全新的获得感。

七、促进大学生社会生活生产技能社会化

高校教育既依赖于系统的理论，也依赖于实践。社会实践是思想政治教育的一种重要方式，根据大学生的具体特点进行社会实践能力培训，是高等学校思想政治教育的一个重要部分，也是促进大学生角色社会化的重要方法。大学生不仅要学习文化知识和生产技能等社会谋生技能，在生活技能方面也要实现衣食自理，这不仅仅是保证个人生活的必备条件，更是成为一个合格的社会成员的基本条件。社会实践为大学生提供了检验的重要平台。要鼓励学生参与各种实践活动、融入现实社会、了解国家情况、增加和各行各业人员的接触交流，对社会和国情形成自己的认识和了解，在独立学习探索中获得更深层次的体验，在实际参与中获得自我提升。通过理论与实践的不断结合，学生可以逐渐丰富自己的知识，检验和提升自己的生存发展技能，培养积极主动的人生态度，发挥自己的特长、优势，挖掘培养自己的兴趣，增强社会责任感和历史使命感。大学生通过实践活动了解自己、反省自己、完善自己、提高自己，有利于促进自身的全面健康发展，并为自己融入社会奠定坚实的基础。

第四章　高校思想政治教育的前沿问题

随着中国的经济、政治、文化与社会的发展、变革，为更好地迎接新挑战，对高校思想政治教育前沿问题的研究就有了更深刻的现实意义。以对前沿问题的研究为突破口，可对高校思想政治教育工作的落实和发展进行指引。本章分为高校思想政治教育的科学化、高校思想政治教育要素的系统分析、高校思想政治教育的方法创新三部分，主要内容包括高校思想政治教育科学化概述、高校思想政治教育科学化的现状、高校思想政治教育科学化的实现路径等。

第一节　高校思想政治教育的科学化

一、高校思想政治教育科学化概述

（一）高校思想政治教育科学化的内涵

1. 科学与科学化

从不同的维度出发，对科学的定义也不尽相同。就建制维度而言，科学首先是一门学科建制，是学理建制和社会建制的总和。《现代汉语大词典》提出，科学是“反映自然、社会、思维等的客观规律的分科的知识体系”。但是，科学不仅指代由知识体系构成的学理建制，还包括主体通过将知识专业化、系统化后形成的一种社会建制，是理论与实践的统一。就价值维度而言，科学是最具价值的知识。作为学校教育的基本内容，科学不仅能够直接影响生产力的发展，更与近现代社会复杂多样的生产关系和价值体系密不可分。在不同的利益群体间，科学既是彰显不同领域内成员身份特征的符号，又是使各类社会群体联系起来的媒介。就方法维度而言，科学作为一种生产力因素，以 17 世纪资产阶级革命后自然科学的快速发展为背景而产生。因此，其研究方法具有一定的客观性和规律性，主张通过实证性的研究方法全面了解事物存在、发展的客观规律和本质属性。

由此看来，对科学的定义虽然多种多样，但内容总体趋同。人们如此偏爱科学、重视科学，是因为它所具备的基本属性，即系统性、客观性、规律性、社会性和可预见性。无论是从内容上还是从方法上，人们都需要借助具备这些属性的学科建制和研究方法来推动社会向前发展。因此，将社会实践活动中的事物和现象科学化逐渐成为社会历史发展的必然结果。

“化”表示过程，有转变、变化之意。科学化，就是将研究对象的学科建制、研究方法和价值影响的内容和形式加以规范化和系统化，使之成为符合客观规律的真理性认识，从而指导社会实践活动正向发展。要将某种事物或现象科学化，首先，要将其学科建制科学化。保证学理建制的系统性和科学性是任何理论得以存在的前提和基础。与此同时，要加强和改进学科已有的社会建制，积极创新，为社会实践的发展提供物质方面的保障。其次，要将其价值主体科学化。社会实践的主体是对事物具有认识和实践能力的人，科学的价值性指从人的角度出发去衡量其满足人们需要的意义尺度，必须对价值主体产生积极的意义。最后，要将其研究方法科学化。研究方法的科学化既包括学术研究，也包含行动研究。学术研究要以实证研究为基础，使研究过程摆脱经验化和唯理论的束缚；行动研究要建立完善的方法体系，实现研究方法系统、科学地发展。

2. 高校思想政治教育科学化

高校是我国教育系统中至关重要的组成部分，是学术研究和人才培养的主要阵地。作为学校教育的最后阶段，高校向学生传递的知识体系和价值观念将伴随学生走向社会，不但对学生个人的工作和生活会产生深远的影响，而且会使社会意识和社会存在发生相应变化，甚至能够改变社会历史的发展轨迹。因此，高校思想政治教育必须具备鲜明的科学性、严格的规范性和完备的系统性。高校思想政治教育的科学化，是将教育过程中的每个方面、每个环节逐一进行系统化、规范化和制度化。高校思想政治教育科学化的衡量标准是多样的，既包括内容的完备程度，也包括形式的规范与否，还包括教育实效的高低。

（二）高校思想政治教育科学化的时代意义

对于改革开放复杂形势主导下的当今社会而言，确保高校思想政治教育各方面科学化发展早已不再是一元命题。作为意识形态教育的主阵地，高校思想政治教育必须由专业的教育主体以科学的方式向受教育者传递系统化的教育内容，使受教育者以坚定的立场积极做好投身于实现中华民族伟大复兴事业的准备，与教育者共同完成高校“立德树人”的根本任务，推动学科整体发展。

1. 为实现中华民族伟大复兴创造条件

一方面，复兴之路是具有创新性的教育内容。高校思想政治教育科学化是一个动态的过程，复兴之路的提出丰富了中国特色社会主义理论体系，得到教育主体的高度重视。思想政治理论课是实施中国梦教育的主要途径，只有受教育者意识到实现中华民族伟大复兴的关键性，他们才能更积极地投身于社会主义建设事业，为社会创造更多的物质财富和精神财富。

另一方面，高校思想政治教育科学化能够坚定受教育者实现中国梦的信念。对社会主义事业未来的建设者和接班人进行科学的理想信念教育，是高校思想政治教育的一项基本任务。与此同时，教育所传递的理念是否科学是衡量高校思想政治教育科学化水平高低的重要标准。科学的理想信念、完善的理论体系能够增强民族凝聚力和自信心，在受教育者主体中形成一种普遍的共识，并将这种共识转化为不竭动力，集中力量改革创新、攻坚克难、武装自身，为复兴之路扫清障碍。

总之，运用规范化、系统化的教育理论引导受教育者以国家富强、民族复兴、人民幸福为己任，为深化改革和全面建成小康社会保驾护航，是高校思想政治教育科学化不可取代的重要社会意义。

2. 完成高校“立德树人”的根本任务

“推动高等教育内涵式发展”是党和国家为高等教育改革发展所确定的方向。该方向的提出标志着我国高等教育打破了以往一味寻求速度的发展模式，迈入注重质量的内涵式发展这一新阶段。基于新阶段的发展模式，教育部于2013年开展了“立德树人”工程。由此可见，完成德育这项任务离不开科学理念的指导，科学的理念应当是以人为本、德育为先、立德树人。只有积极推进高校思想政治教育科学化，将以人为本视作教育目的，将德育为先视作教育要求，将立德树人视作教育根本，进一步整合现有的理论体系，才能全面提升学生的道德素质，促进学生的全面发展。

3. 满足思想政治教育学科的发展需要

学科的体系要与其对应的科学的体系相匹配，学科应向学生传递科学研究中已有定论的、稳定的、重要的基础知识和基本原理。学科与科学的关系应当是：以系统的科学知识为基础，才可以建立学科、培养人才，即科学是学科的基础。我国高校思想政治教育的内容既包括马克思主义基本原理中的共性的学科基础知识，又包括中国特色社会主义理论体系中的创新性知识。高校思想政治教育想要谋求更好的发展，则需要使其共性和个性协调发展，实现自身的科学化。

高校思想政治教育的内容和中国共产党的理论与实践经验密不可分。自中国共产党成立至今的一百年时间里，党的理论与实践经验得以不断丰富和发展，目前已相当完备。但是，从学科角度出发可知，高校思想政治教育作为一个有待科学化的知识体系，其教育形式尚且没有摆脱经验化的误区。较之经验化的理论，系统化、结构化了的科学理论在实际运用中能发挥更大的作用，具有更强大的优越性。因此，基本理论的系统化水平往往代表着一个学科的科学化程度。

作为具有真理性的理论体系，其存在不可能是一成不变的，因此以发展的眼光来看待思想政治教育学科的发展，是高校思想政治教育科学化的重要前提。时代环境的变化，信息革命的浪潮，价值主体的多元化，受教育者的身份特征，无一不为思想政治理论和学术研究方法的创新提供了必要条件。创新不会是一个一帆风顺的过程，我们将面临诸多挑战，这些挑战将成为我们推进高校思想政治教育科学化的不竭动力和宝贵经验。

二、高校思想政治教育科学化的现状

在改革开放的四十余年里，高校思想政治教育无论是从教学活动、专业发展还是人才培养方面，较之过去都发生了质的飞跃。其制度建设和学术研究取得了一系列重大成就，实现了高校思想政治教育科学化的新突破。但是，有发展就会出现问题。面对日渐开放的国际环境和国内改革攻坚期带来的一些负面效应，高校思想政治教育科学化也正面临相应的困境和挑战。

（一）高校思想政治教育科学化取得的成就

对高校思想政治教育科学化的研究可以从宏观和微观两个层面去把握。下文中提及的第一点，即学科建制初步建立，是将高校思想政治教育学科作为思想政治教育系统内部的一个子系统加以研究，以宏观视角看待学科的整体发展；第二、三、四点，即教育主体、教育手段和研究方法所取得的进步，是高校思想政治教育这一系统内部构成要素的变化，是本学科微观层面的发展。

1. 学科建制初步建立

“建制”是社会学领域的一个重要概念，原指社会组织内的结构性编制、体系及其建构过程。任何一门学科发展到比较成熟的阶段时，都会形成与自身发展相匹配的一系列知识体系、制度体系、组织系统和物质支撑系统，它们是观念组织与社会组织的结合，即学科建制。学科建制具有学理建制和社会建制双重属性，二者互为表里，共同支撑思想政治教育的专业化发展。

（1）学理建制初具雏形

内在的学理建制是指学科的逻辑范畴与知识体系。一方面，经过相当长时期的建设，思想政治教育的逻辑范畴从无到有，包含基本原理同马克思主义理论的关系、教育内容同相近学科知识的关系、专业知识与其社会应用的关系。以上三种子关系相辅相成，共同构成了知识体系的逻辑范畴。

另一方面，知识体系是高校思想政治教育的基础。当前，我国高校形成了相对明确的思想政治教育专业知识结构，主干学科与分支学科相互推动、互为依托，思想政治教育的知识体系日渐成熟。在进行学科建设的三十余年里，虽然不乏问题及阻碍，但高校思想政治教育学科的专业化依然取得了突破性进展，这是有目共睹的事实。

（2）社会建制迈入新阶段

外在社会建制是指学科的社会组织与分工机制，代表一种稳定的社会模式和安排，包含其自身的物质载体、组织形式和行为规范。首先，在机构设置方面，当前高校思想政治教育的实体机构主要包括理论研究系统和实际工作系统。其中，理论研究系统主要由全国各高校的思想政治教育教研室构成。理论研究系统承担着学术研究的重大责任，数年来成绩斐然。思想政治教育主要包括三个子系统，分别是党政系统、军队系统和高校系统。其中，高校系统担负着学术研究和人才培养的重要任务，其基本任务在于促进学生的思想发生转变，是研究系统中的重要组成部分。

其次，在制度建设（行为规范）方面，中共中央国务院发布的《关于进一步加强和改进大学生思想政治教育的意见》（以下简称《意见》）体现了党和国家对推进高校思想政治教育发展的战略部署，是标志着高校思想政治教育科学化进程迈上全新台阶的纲领性文件。为全面贯彻落实《意见》的精神，教育部发布了《普通高等学校辅导员队伍建设规定》等相关配套文件。系列文件的发布明确了高校“培养什么样的人，怎样培养人”的教育目的，为高校思想政治教育科学化进程实现新一轮质的飞跃打下了坚实的基础。多年来，以《意见》为首的一系列相关规定得到贯彻落实，系统内部的部门各司其职，初步建立了高校思想政治教育的制度体系。

2. 教育主体水平提高

1984 年 9 月，我国第一批思想政治教育专业本科生入学。当时国内仅有 12 所高校开设了思想政治教育本科专业，国内尚无硕士点和博士点。此后，各高校先后开设了思想政治教育本科专业、硕士学位授予点和博士学位授予点。至2005年，我国形成了三级完备的学科体系，学科建设初步实现了系统化。多年来，面向本科生和研究生的思想政治理论课系列教材有了较大的改进。与此同时，领域内不乏高质量的著作，且教育者总体呈现年轻化、高学历化的态势。

3. 教育手段有所改进

（1）统一教学与因材施教相结合

科学有效的教育手段必然以遵循受教育者的身心发展规律为前提。思想政治教育的发展要突破以往教育手段的限制，就要将受教育者置于时代环境中去看待，深入理解新时期受教育者性格特征的形成因素，并有效利用这些因素辅助教学，以达到预期的教学目的。

当前，高校思想政治教育队伍正呈现年轻化趋势，教育者与学生之间的年龄差正在缩小。绝大多数教育者都能全面把握学生的性格成因，妥善处理统一教学与因材施教的关系。教育主体面临的是“00后”这一特殊的学生群体。“00后”这一标签已经成为个性、时尚、朝气蓬勃的代名词，其性格特征不同于以往的任何一代人。他们的内心不认同传统的灌输式教学手段，而是渴望更为新鲜且带有创意色彩的教学模式。此类需求为高校思想政治课的创新发展提供了新的范式，推动了教育手段的正向发展。

（2）显性教育与隐性教育相结合

新媒体是时代进步的产物，其出现加速了信息的群际传播，使个体间的交流互动更加密切，也使得学生接受思想政治教育的途径不再局限于课堂教学。在信息化进程不断加速的今天，任何社交软件和新闻客户端都可以成为学生获取知识的渠道，每一条时政要闻都是学生理解知识的案例，隐性教育对学生造成的影响程度也在大幅提升。

目前，高校思想政治教育主体已经能够在课堂之外有效利用微博、微信等客户端对学生进行信息引导，大多数高校和院系已开设官方微博、微信公众号等公共平台，为学生推送时政信息、解决实际问题，关心学生的学习和日常生活。此类做法表明隐性教育这种教育手段已经得到教育者的重视，与显性教育共同成为教育者对学生进行价值引导和道德教育的主要途径之一。

4. 研究方法取得进步

恩格斯认为，科学的形成要经历两个阶段，一是材料的积累，二是材料的整理。在数千年社会历史的发展过程中，人类已经为思想的发展积累了丰富的历史材料和宝贵经验，对这些材料的整理和对经验的总结为社会思潮的发展提供了范式，并使社会秩序井然。自成立以来，中国共产党一直致力于带领人民共同创造社会历史，在此过程中，我们积累了诸多历史材料，并将其整合成现实经验。

自《意见》发布以来，对高校思想政治教育的研究活动进入归纳整理材料的新阶段。从研究对象来看，研究工作存在两类不同的价值取向，一是学术取向的研究，二是行动取向的研究。如何整理已有的材料并深入理解其内涵，使思想政治教育成为系统化了的知识体系取决于学术研究方法。在现代辩证唯物主义方法论的指导下，我国高校思想政治教育已经形成了相对独立的话语系统，确定了基本概念范畴，并初步建立了完备的理论体系。随着大数据时代的到来，高校思想政治教育的行动研究也得到越来越有效的开展。

（二）高校思想政治教育科学化面临的问题

尽管建设过程中取得了许多令人瞩目的成就，但科学化始终是一个动态的发展过程。当前，高校思想政治教育科学化所面临的问题，既包括总体发展方向上的宏观问题，也包括微观建设上的问题。只有全面地认清本学科在科学化进程中所面临的问题，并不断对已经不适应现实发展的制度和理论予以否定，对前沿理论加以规范和创新，高校思想政治教育学科才能始终具有科学性。

1. 学科建制水平和质量有待进一步提升

（1）学理建制系统化水平不高

一方面，尽管基本内容已经形成，但高校思想政治学理建制还缺少结构清晰的知识体系，特别是元知识体系，即缺少对高校思想政治教育规律的研究。高校思想政治教育规律可大致分为宏观规律（产生和发展规律）、中观规律（管理规律、工作规律和过程规律）和微观规律（教育规律和接受规律）三个层次，全面把握各个层次的规律并加以合理运用，对于促进高校思想政治教育的科学化发展具有十分重要的积极意义。但目前高校思想政治教育元知识体系的研究相当匮乏，同时缺少对教育规律的研究和应用，三个层次之间也少有联系。另一方面，思想政治理论系统缺乏开放性。所谓系统的开放性，是指系统内部诸要素能与外界进行信息交流和互换。高校思想政治教育是一个复合概念，无论是在学术研究还是在实际应用中都不可避免地与教育学、社会学等其他领域发生联系，所以对这些相关领域的理论前沿进行研究十分必要。但目前，对这两方面问题的研究还未取得实质性的进展。

（2）社会建制仍有提升空间

一方面，高校思想政治教育机构设置缺乏整体性，主要表现为高校思想政治教育的理论研究系统和实际工作系统之间缺乏互动与交流。中国思想政治研究会是由中宣部领导组织的推动思想政治工作发展的全国性社团法人，其主要职能在于组织思想政治教育理论研究和应用实践活动。基于这一职能，各子系统应紧密团结在政研会周围，并积极加强交流和互动。然而，高校思想政治教育的发展时间不长，两大系统之间没有形成完善的交流和互动机制，存在着各自为政的状况。这一状况阻碍了高校思想政治教育理论研究的深化，影响了实际工作的有效开展。加强两大系统之间的联系既能够推进高校思想政治教育积极发展，同时也可提高高校思想政治课堂的实效，具有重大意义。

另一方面，高校思想政治教育制度建设需要进一步加强。首先，尽管已经确立了基本制度，但高校思想政治教育制度体系的完整性和内容的准确性仍然有待提升。其次，高校思想政治教育的执行力度不够。大学时期、研究生时期是人生的关键阶段，高校学生要面临的任务很重，既要掌握专业知识与技能，又要应对各类考试，部分学生还肩负着考研和就业的巨大压力，难免会顾此失彼。因此，有的学生在时间本就不甚充裕的思想政治课堂上做自己的事情，再在考试前“突击背诵”考试重点。面对这种情况，有的教师也只好“放水”，放松对学生的要求，降低考试、考核的难度。

2. 部分主体存在非科学的认知和行为倾向

（1）教育主体建设成效不大

一方面，高校思想政治教育队伍的结构有待进一步优化。这里的结构既包括教育主体的年龄结构，也包括教育主体的专业结构。就年龄结构而言，当前高校思想政治教育主体的年龄呈现多层次的趋势，不同年龄段的教育者各有各的优势。青年教育者对待工作积极性较高，具有创新思维，与学生的年龄差小，相处融洽；中年教育者思想成熟，完成工作的效率较高；年龄较大的教师德高望重，具有深厚的学术底蕴，在学术研究和人才培养过程中更是不可或缺。但目前在高校中，各年龄段教育主体间分工不明确，教育者的年龄优势得不到最大限度的发挥。就专业结构而言，高校思想政治教育学科的综合性、应用性较强，教育者要做的不仅是向学生传递理论知识，更要对学生的价值观和道德规范加以正向影响，做到德育和智育相统一。

另一方面，教育主体的综合素质有待提高。当前，高校思想政治教育者的准入要求已相当严格，若论及专业知识水平，绝大多数教育者都是本领域的翘楚，是高学历、高素质的人才。但思想政治理论课的课堂教学则是另一门艺术。因此，所谓教育主体的综合素质不仅包括教育者的专业知识水平，还包括教师的语言表达水平、组织管理能力、处理教材的方法、课程资源的开发能力、对学生的关注度和团队合作精神等一系列教学能力。当前，一部分教育者在教学技能方面理论有余、实践不足。因此，提升教育主体的综合素质就显得尤为重要和紧迫。

（2）受教育主体建设存在的问题

一方面，部分高校学生的价值观不明确。“00后”是极具时代感的特殊群体，他们生于和平发展的时代环境下，不必接受战争和贫穷的洗礼，同时又面临着经济全球化浪潮的冲击和无法避免的多元文化带来的影响。总体来说，“00后”高校学生的主流思想态度是积极向上的，并带有鲜明的个性色彩。但价值观念现实化、功利化仍然是这一群体不可避免的通病。此外，部分高校学生还存在诚信观念和合作意识缺失等问题。如若这些问题得不到及时解决，将对我国未来一代青年的发展造成十分严重的影响。

另一方面，部分高校学生的某些道德行为存在问题。道德行为受道德认知、道德情感和道德意志的影响，如果受教育主体的价值观念出现问题，错误的道德行为就很难避免；加之新媒体的开放性使信息传播的速度大为增加，高校学生的道德意志受到了前所未有的冲击。要解决此类问题，就要通过对学生进行道德教育，使学生形成积极正向的道德认知与道德情感，形成“正能量”，从而坚定学生的道德意志、改善学生的道德行为。

（3）主体之间缺乏互动和交流

一方面，教育主体与受教育主体共处的时间、空间有限。近年来，随着高校的不断扩招，师生比例随之缩小。身为公共课教师，各高校马克思主义学院的思想政治理论课教育者要面对的是全校学生。教师无法兼顾每一位学生，教育者与学生的交集几乎仅限于思想政治理论课课堂。在有限的时间内要顾及的学生越来越多，分配给每位学生的平均时间也就越来越少。

另一方面，主体之间呈单向授受状态。当前，绝大多数思想政治理论课的课堂均采用讲授式教学法。这种方法虽然能将知识体系较为全面地展现给学生，呈现出知识的完整性和系统性，却忽略了学生的主体地位，没有考虑学生对知识的接受程度，错误地将学生置于被动接受的一方。无视学生的学习能动性而一味地讲授，会使其学习的积极性大打折扣，削弱思想政治理论课的实效性。尽管在新媒体时代下，部分教师已经意识到此类问题，并辅之以多媒体教学手段，使思想政治理论课的趣味性得以增加，但仍旧没有摆脱课堂教学单向授受的状态。只有改进课堂教学方式，注重对学生学习积极性的启发和引导，才能从根本上解决这一问题。

3. 行动研究和学术研究仍存在一定不足

虽然学术研究与行动研究不能混为一谈，但二者绝不是对立关系。更多时候，高校思想政治教育的学术研究者也是行动实施者，行动研究与学术研究相结合是高校思想政治教育研究方法科学化的前提条件。单方面重视行动研究而忽视学术研究，会使实际行动缺乏理论基础，削弱行动的实效性。反之，则会使学术研究脱离实际情况，理论的科学性也会随之大打折扣。当前我们面临的现状是后者。尽管高校思想政治教育处于专业化发展的新时期，但思想政治教育的学术研究方法仍停留在重理论、轻实践的阶段。理论研究者一味重视知识体系构建，不能很好地将其与实际行动结合在一起。

4. 缺少对教育评价体系建设的全面反思

（1）评价结果缺乏数据统计

评价指标的多样性导致了评价结果的多重性，每一种评价结果都能够反映思想政治理论课课堂教学中存在的某方面问题。但是，未经数据化的评价结果是不具有科学性的，无法对其加以系统梳理和概括。例如，在期末考试中，在试卷具有良好的信度、效度和区分度的前提下，计算不同分数区间内学生人数占学生总人数的比例，能够更清晰地反映课堂教学的有效性，为日后教学计划的制订提供参考。如果不这样做，而是仅仅通过试卷评阅得出每一个学生的分数成绩，那么此次教学评价的结果则是不全面的。

（2）缺乏对教学评价的激励机制

无论是教育者还是受教育者，都需要激励机制去调控他们在教学过程中的能动性。当然，我们并不否定教育者的职业道德，但从客观上来讲，激励制度与教学效率之间成正比关系。如果将思想政治理论课教师的考核评估体系与教学评价结果相关联，评价结果较好的教师能够在物质上和精神上得到肯定，教学评价结果的利用效率将会大幅提升。只有这样，数据化了的教学评价现象才能得到反馈，用以指导今后的教学实践活动。

三、高校思想政治教育科学化的实现路径

（一）高校思想政治教育学科建制的科学化

学理建制与社会建制互为表里，要实现高校思想政治教育学科建制的科学化，必须同时“强内优外”，巩固学理建制的基础地位，提高知识体系的成熟程度。同时，要使外在社会建制进一步系统化，内外相得益彰，共同推动思想政治教育学科良性发展，外盛内优，这样，学科建制方能实现科学化。

1. 提升学科学理建制水平

（1）坚定学科信仰和增强学科自信

思想政治教育学科信仰体现了教育主体对本学科发展前景的信心、对学科理念的坚持、对学科立场的维护和对学科观点的认同，是一种稳定的心理状态。在完善学科学理建制的过程中，面对理论问题的探讨，教育主体要一直保持这种心理状态。高尚的学科信仰是学科自信的体现和学科自觉意识的表达。加强思想政治教育学科的学理建制，要求教育主体不仅要对马克思主义基本观点和自身政治立场持有积极的认同感，更要对思想政治教育学科抱有坚定的学科信仰和强烈的自信心，并以此为动力强化自身的主体地位。

（2）加强元知识体系建构

首先，高校思想政治教育元知识体系的建构要立足于社会实践。历史唯物主义认为，社会意识产生于由物质资料生产方式等诸多要素所构成的社会存在，社会意识的发展离不开社会实践的进步和社会关系的演变。因此，立足实践、推动个体的社会化是构建高校思想政治教育元知识体系的观念基础。

其次，加强对历史材料和现实经验的归纳与整理。对近代以来，尤其是建党以来思想政治教育的发展历程进行系统梳理，可以得出高校思想政治教育的发展规律。只要具备相应条件，社会规律可以反复发挥作用，更加有效地推动社会实践的正向发展。

最后，要强化规律系统内各层次之间的交流。高校思想政治教育的三个层次，即宏观规律（产生和发展规律）、中观规律（管理规律、工作规律和过程规律）和微观规律（教育规律和接受规律），它们之间存在着密不可分的关系，即教育规律与接受规律呈主客体关系，过程规律是中介。因此，微观规律的发展和作用能够推动中观规律和宏观规律积极发展，宏观规律的进步又能作用于中观规律和微观规律的发展。强化各层次规律之间的交流，使教育主体全面把握三个子规律，元知识体系才能更加成熟。

（3）推进基本理论的再系统化发展

基本理论是高校思想政治教育的生命基础，其再系统化是在理论体系已经具备一定系统化水平后的进一步整合和探索。高校思想政治教育基本理论的再系统化，就是要不断对马克思主义及其中国化的相关基本理论进行系统整理与反思。高校思想政治教育基本理论的再系统化过程要注意以下几点。

首先，要将基本理论统一于实践基础。研究对象清晰化能够为实践基础划分出明确的范畴，将此范畴内所进行的理论研究作为基本理论系统的核心部分，能够实现理论的系统性与实践的针对性相统一。

其次，要将基本理论统一于理论基础。实现基本理论与理论基础的统一，就是对马克思主义及其中国化理论体系做出科学、有效的解读和应用，并积极内化现代辩证唯物主义世界观和方法论，在理论研究过程中不断进行哲学反思，保证理论范式的科学性。

最后，要将基本理论统一于相近学科的理论前沿。正如前文所提到的，高校思想政治教育学理建制所面临的问题之一在于学科理论系统缺乏开放性，系统内的要素与外界缺乏信息交流。要加强与相近学科间的多边互动，就要与相近学科和交叉学科的学术前沿积极对话、借鉴交流，彼此相互促进、共同发展。

2. 优化学科社会建制方式

社会建制是学科成熟发展的物质保障，也应是思想政治教育的优势所在。在优化本学科社会建制的方式问题上，我们将重点讨论如何以优化机构设置和加强制度建设来提升高校思想政治教育科学化水平。

（1）加强宏观控制，调整机构设置

首先，整合现有学科组织。在行政权力系统的推动下，绝大多数高校马克思主义学院的各方面建设均取得了显著成就。但是，作为发展中的学科，建制性的思想政治教育理论研究系统和实际工作系统的组织化程度仍有待提高。要想提高现有学科组织的系统化水平，仅仅依赖各高校马克思主义学院的工作是不够的，必须上升到更为宏观的层面。通过全国和地方的统一规划和合理控制，加强思想政治教育研究会、思想政治理论教学指导委员会等机构的建设，可以普遍提高各高校的组织化总体水平。

其次，建立理论研究和实际工作两大系统的交流机制。要实现两大系统的交流和沟通，体制机制的保障必不可少。学术研究系统的科学化旨在丰富高校思想政治教育的内容，实际工作系统科学化的目的在于使教育内容的应用更加具体化，两大系统之间存在自发的联系，在多次交流的基础上必然能形成相应的交流机制。但是我们不能被动等待交流机制自行发展，必须主动增加经费投入、加大建设力度，建立相应的体制机制，实现理论与实际的结合应用。

最后，充分利用各种社会资源为优化学科社会建制服务。近年来，哲学社会科学的发展受到国家和社会的广泛关注。作为一门理论性与应用性兼具的学科，马克思主义理论及其下设二级学科所拥有的社会资源已十分丰富，表现为科研经费逐年递增、各类红色资源面向高校无条件开放等。高校要合理地利用社会资源，科学分配科研经费，充分发挥资源优势，达到优化学科社会建制的目标。

（2）理论联系实际，构建制度体系

高校思想政治教育制度是思想政治教育活动的行动指南，其功能主要包括导向作用和调控作用。因此，要构建科学的制度体系，必须使高校思想政治教育制度具备合理性、合法性和现实性。

一方面，保证制度内容的合理性。科学的制度内容能够赢得主体的价值认同。高校思想政治教育制度的合理性在于其内在实质与外在逻辑具有一致性，表现为制度形式内容与学科内在规律的一致性。二者的一致性越高，则制度的合理性越强。在制定制度的过程中，制度规则必须遵守制度理念，并具有相对的稳定性，以保证在一定时间段内制度主体都能够适用，不会随意改变。

另一方面，保证制度体系的可操作性。制度现实性的实质在于理论和实践的一致性，即可实现性和可操作性。

（二）高校思想政治教育主体建设的科学化

高校思想政治教育科学化的最终目的在于使受教育者全面发展。人才培养是教育者与受教育者相互作用的过程，主体建设的重要性不言而喻。主体建设不能一概而论，要有一定的针对性，要坚持辩证唯物主义矛盾分析方法的哲学思维，从两大主体的特殊性出发对症下药，实现高校思想政治教育主体建设的科学化。

1. 加强教育主体建设

高校思想政治教育的主体主要包括思想政治理论课教师、辅导员、党政干部和团委干部、心理健康教育者。要全面提高教育者的整体素质，必须兼顾教育主体的每一个组成部分。

（1）建立高校思想政治理论课教师培训体系

要加强思想政治理论课教师队伍建设，就要培养一批政治立场坚定、理论基础深厚、职业理想崇高的骨干教师。为此，各高校要建立完善的教师培训体系。

（2）构建高校辅导员队伍科学发展模式

辅导员是教育主体中与学生联系最为密切的人，是高校日常思想政治教育的责任主体。为确保辅导员队伍科学发展，不仅要按合理比例确定辅导员的数量，明确辅导员的职责范围，还要对辅导员队伍进行定期培训与考核；并严格按照考核的结果对辅导员工作做出评优奖励，以确保辅导员的工作热情。

（3）明确党团组织职责分工

高校的党团组织承担着组织实施思想政治教育工作的重要责任。明确组织内分工有助于发挥党团组织自身的优势，提高思想政治教育各项活动的实施效率。在宏观政策的制定过程中，要发挥领导层的方向性作用；在各项具体工作的开展过程中，要依靠学院中层、基层党团组织的力量。

（4）组建专业的心理健康教育队伍

高校思想政治教育总目标与心理健康教育总目标具有内在一致性，即实现学生的自由全面发展。开展高校思想政治教育主体建设的重要途径之一，在于组建专业的心理健康教育队伍，并使其与思想政治理论课教师相结合，以实现高校思想政治教育德育功能与智育功能的统一。组建专业的心理健康教育队伍最重要的是人才，除制定严格的准入制度外，还应对已经加入队伍的教师进行系统、专业的训练，增强教师的心理辅导意识和行为矫正能力。

2. 加强受教育主体建设

基于“00后”高校学生这一群体自身的优势和不足，受教育主体建设工作的重点在于对受教育者开展主体性教育和价值观教育，增强高校学生的个体自信和民族自信，培养学生的主体意识和政治素质。

（1）通过主体性教育，激发受教育者的内在教育需求

激发受教育者的主体意识，引导受教育者独立自主、自觉能动地进行认识和实践活动，是主体性教育的最终目的。高校思想政治教育受教育者的主体性教育，主要可以从以下几个方面入手。

首先，启发受教育者主体意识。主体意识代表着受教育者内在的教育需求，主体意识越强，受教育者的教育需求就越高，越能得到更健全的发展。为启发受教育者的主体意识，教育者应树立新的教育理念，尊重学生的主体地位，为学生留下自我学习的时间和空间，将学生组织（如学生会、社团）作为学生自我教育的平台；积极肯定学生的工作，并引导学生以各种形式的实践活动创设和谐、宽松、民主的校园文化环境。

其次，增强受教育者主体能力。主体能力主要指受教育者的自控能力、学习能力和创造能力。较强的主体能力能够使受教育者独立自主、自觉能动地计划和规范自己的学习活动，并取得良好的学习效果。最了解受教育者教育需求的人是受教育者自己，增强受教育者的主体能力，就是培养受教育者的自主性和创造性，使他们成为学习活动的计划者和实施者。

最后，塑造受教育者主体人格。主体人格是受教育者思想政治修养的综合性概括，是受教育者人格尊严、价值观念和道德品质的总和。高校思想政治教育的意义不仅在于传授思想政治理论知识的工具性价值，更表现在完善受教育者人格的目的性价值上。塑造受教育者主体人格，就是在思想政治教育实践活

动中引导受教育主体进行价值判断和价值选择，并增强受教育者的抗压能力和应变能力。

（2）通过价值观教育，坚定受教育者的政治立场

单纯依靠受教育者的内在教育需求不足以保证受教育主体建设的有效性，外在的教育行为是更有力的实施力量。“学校应该永远把坚持正确的政治方向放在第一位”，学校教育对受教育者树立正确的理想信念、培养个体坚定的政治立场具有更强大的指导力量。

一方面，以科学的价值观教育帮助受教育者树立崇高的社会理想。实现受教育者对社会主义核心价值观的认同，有助于受教育者树立共同的理想信念，增强凝聚力。

另一方面，以价值观教育提升受教育者的思想政治素养。受教育者的思想政治素养一是来自个体的自我发展，二是来自教育主体的传递。价值观教育能够实现受教育者的“知行合一”。教育主体要用社会主义核心价值观引领校园思潮，学校要注重顶层设计、坚持统筹协调、强化教育实践、巩固网络阵地，鼓励受教育者理解、宣传、践行社会主义核心价值观，从而推动受教育者政治素养的发展。

3. 强化主体间的双向互动

教育教学活动不是一个单向灌输的过程，需要教育者和受教育者的双向互动。主体间的互动效果直接影响主体建设的科学化水平：互动效果好，主体双方可共同发展；互动效果差，主体建设就失去了意义。强化主体间的双向互动可以通过以下几种方式。

（1）扩大互动空间，丰富互动内容

当新媒体发展到一定程度，教育主体便可以利用新媒体与受教育主体实现沟通与交流，两大主体的互动空间就不再局限于课堂，互动内容也摆脱了传统理论的桎梏。

一方面，互动空间从课堂教育拓展至课外教育。互动空间的拓展意味着两大主体有了更多的互动时间，教育者应利用新媒体带来的时空优势，在思想政治理论课课堂教学之余，利用新闻资源和数据资源为受教育者带来积极的影响。有了一屏之隔，受教育者更愿意表达自己内心的观点。通过虚拟的社交平台，反而更容易得到受教育者的真实看法和态度，而这些信息在课堂上无法获得。教育者要充分把握这一资源优势，利用社交媒体，以平等的姿态与学生进行心灵的交流，并加以适当的引导。

另一方面，互动内容由学习互动发展到实践互动。提高认识的目的在于更

好地开展实践活动。因此，仅对受教育者进行理论知识传授的教学活动是不完整的，还要将理论知识传授与实践活动能力的培养结合起来。在此过程中，教师作为认识和实践的引导者，要肩负起辅助者、推动者的职责，积极进行实践性教学，推动学生将所学知识内化成行为准则。与此同时，教育者还要加强与受教育者的情感互动，增强受教育者对教师行为的认同感，并主动规范自己的行为，达到执行统一的教育目的。

（2）转换互动方式，提高互动质量

首先，将师生互动与生生互动结合起来，共同激发受教育主体的能动性。一方面，师生互动是主体间互动的基本形式，但师生之间的互动不是单向问答，而是双向交流，是相互促进，共同发展的。另一方面，生生互动可以增强受教育主体的凝聚力。教育主体应为受教育者提供生生互动的空间和机会，引导受教育者团体协作，取长补短，共同完成学习任务。

其次，提高互动质量，激发教育主体的创造性。在主体互动交流的过程中，互动的质量往往比互动的形式更值得重视。要提高主体间的互动质量，教育者应转变观念，树立结果导向理念，切实设计有效的方式以增加互动乐趣，使学生获得积极体验，使互动过程不再流于形式。

思想政治教育的过程不仅是书本知识的传递与学习过程，更是价值观念和政治立场的形成过程，还是主体认识能力和实践能力提升的过程。在此过程中，教育者肩负着自我建设、引导、促进受教育主体建设及加强与受教育主体交流合作等多重任务。因此，教育者应及时对主体建设科学化过程加以反思，并纠正自身的不足，确保高校思想政治教育主体建设顺利、有效地开展。

（三）高校思想政治教育过程方法的科学化

1. 确立科学的教育目标体系

（1）构建层次分明的目标体系

高校思想政治教育目标体系的制定要以有关政策为依据。当前，国家对高校思想政治教育总目标做出规定的主要有《中国普通高等学校德育大纲（1995年）》、中共中央国务院《关于进一步加强和改进大学生思想政治教育的意见》和《国家中长期教育改革和发展规划纲要（2010—2020年）》等文件。根据对以上文件的分析和研究，高校思想政治教育分目标可以归纳为树立科学的理想信念、培养学生的爱国主义精神、对学生进行道德教育、实现学生自由全面发展四个方面。

各高校要按照总目标的要求，结合本校的办学资源和高校学生的身心发展规律，将总目标中的每个方面加以细化和分解，制定自己的分目标。高校思想政治教育分目标的制定必须符合总目标的要求，并体现对总目标内容的安排和规划。例如，高校在制定分目标时可以按照年级划分，对低年级学生教育目标的制定侧重于角色适应，引导学生适应高校的课程安排，使学生掌握马克思主义及相关学科的基本原理，并培育学生基本的爱国主义精神；对高年级学生教育目标的制定可侧重于实现学生的全面发展，这里的全面发展不仅指进一步加强学生对基础理论的掌握、民族精神的凝聚和道德品质的磨炼，更在于提高学生的综合能力，即研究能力、创新能力和实践能力；对于即将迈进社会的学生，其教育目标的制定可侧重于职业观教育，包括培养学生正确的择业观和高尚的职业道德。

（2）完善多维度目标管理体系

具备了层次分明的目标体系后，高校还需要通过完善管理体系为目标的实现创造条件，完善多维度的目标管理体系。

一方面，要加强科学的领导。领导工作本身就是一种指向性的工作，领导者决策的科学与否决定了一个集体是正向发展还是误入歧途。因此，领导组织必须层次分明、科学授权、合理分工。高校思想政治教育的目标管理是一种自我控制与自我管理，为保证目标制定与管理的科学性，高校思想政治教育分目标的制定和目标体系的实施过程需要校党委、教务处、学工处乃至各学院共同参与，将职、权、责加以合理分配。

另一方面，要培养高校学生目标管理的自治意识。高校思想政治教育的目标体系从制定到实施再到反馈，每个环节都离不开学生的参与。受教育者有内在的教育需求，因此，其对于外部教育并非完全被动接受，而是带有一定选择性。坚持“以学生为本”，启发受教育者将外在教育目标与内在学习目标统一起来，实现目标的自我制定、自我实施和自我管理，能够激发学生的学习意识，增强学生的管理能力，更有效地发挥学生自身主体作用，实现教与学的有机统一。

2. 实现教育方法系统化发展

教育方法体系，是教育者在课堂教学过程中，为实现教育目标、完成教学任务而采取的所有方法和途径的有机整体。高校思想政治教育方法系统内在包括言语系统、实物系统、操作系统和情感系统四个部分，常用的教育方法则包括讲授法、谈话法、演示法、参观法、实验法、实习作业法、陶冶法、探究法等。成功的课堂教学活动不可能仅依靠一种教育方法，因此，教育者应结合不同教育方法的优势形成合力，共同推动教学活动的发展。在优化教育方法体系的内部结构时，可以参照以下几个范式。

（1）原理阐述与问题解决相结合

在传授学生知识与技能时，要注重言语系统和实物系统的结合。这里的实物并不完全指实际物质，也指模拟情境和新媒体作用下的直观实例呈现方式。言语系统能够塑造学生的形象思维，通过基本的语言描述可使学生对原理产生感性认知和观念形象；实物系统则有助于通过实践推动学生由感性认识上升为理性认识，进而更有效地指导实践。

知识与技能目标是教学活动的基础目标。高校思想政治教育的基本任务在于，通过原理阐释向高校学生传递马克思主义及其中国化理论体系中的基本知识、观点和发展规律。但是，过于强调抽象理论的教学容易使课堂教学偏离实际生活，降低教学内容的可吸收性，难以引起学生的兴趣和认同，违背初始的教育目标。因此，借助现有实例引导受教育者根据所学知识对实际问题加以逻辑推演和严密论证，最终得到解决问题的方法，是增强高校思想政治理论课教学实效的重要途径。

（2）适当灌输与启发教学相结合

谈到启发教学，就不得不正视言语系统和操作系统的相互作用。这里提到的灌输是一种适当的灌输，而非不考虑学生的接受能力一味地强“灌”硬“输”。由于马克思主义及其中国化基本原理的真理属性及受到课堂时间的限制，教育者不可能脱离最基本的言语系统直接发挥其他系统的功效。言语灌输的关键问题在于哪些原理和经验需要灌输，哪些规律和能力可以启发。

适当灌输与启发教学的有机结合有助于有效实现课堂教学的过程与方法目标。启发式教学主张先将问题和情境抛给学生，是一种由浅入深、层层深入的教育方法，教育者需借助逻辑清晰的语言引导学生积极发挥主体性作用，增强学生的主体意识。

（3）以理服人与以德服人相结合

注重将以理服人与以德服人相结合，就是发挥言语系统与情感系统的相互作用，从而实现高校思想政治理论课的情感、态度和价值观目标。马克思主义哲学认为，在实践活动中，理性因素与非理性因素的作用不可相互替代。坚持以理服人，要依靠教育者逻辑清晰的课堂讲授和对话互动，向受教育者传递基础理论，使其认识到思想政治教育学科知识体系的真理属性；坚持以德服人，则要求教育者通过发挥教师的示范作用，营造良好的德育环境，运用情境陶冶等方式对学生的道德认识和道德情感加以正向影响，从而增强学生的道德意识，鼓励学生做出积极的道德行为，实现知、情、意、行的内在统一。

综上所述，言语系统是高校思想政治教育方法系统的基础部分，无论要实现何种层次的课堂教学目标，都离不开清晰完整的言语表达。在此基础上，根据不同层次目标的实现要求，教育者需要在结构化的方法系统内实现教学方法的最佳组合，从而切实提高高校思想政治理论课的课堂教学质量。

3. 注重实证研究和学术交流

研究方法的科学程度直接影响学术研究的科学化水平。实证研究是与形而上学的经验主义研究方法相对立的存在。随着时代的发展和思想政治教育学科自身的发展，实证主义研究范式已成为社会科学领域的主导性研究范式，是适合高校思想政治教育学科的学术研究方法。在加强实证研究的基础上推动高校主体间的学术交流，有助于实现各高校共同发展，提升思想政治教育理论体系的科学化水平。

（1）加强实证研究

这里的实证研究方法严格区别于西方的实证主义哲学。实证主义哲学将现象看作认识的根源，与马克思主义哲学主张的逻辑思辨方法完全对立。而实证研究方法是逻辑思辨方法的基础，即科学研究的基础。可见，整理可感知现实的数据信息并作用于理论研究，系统描述现存世界的联系，是实证研究方法的主要特点。

高校思想政治教育具有很强的应用性。为进一步发挥学科的实际应用作用，学术研究更要加强实证。辩证唯物主义哲学主张在有效进行实证研究的基础上，丰富逻辑思辨方法，增强学科理论体系的科学性，从而更好地指导我国社会主义建设实践活动。

（2）搭建自由化学术交流平台

良好的学术交流平台是高校思想政治教育内容和信息实现共享的有效载体。搭建气氛活跃、思想自由的学术交流平台，积极开展学术交流活动，有助于激励各方主体主动交流、大胆创新，为开展高校思想政治教育实践活动奠定了坚实的情感基础。

首先，力求规范，体现学术交流平台的科学性和实效性。具备学术规范意识是组织学术活动的前提和基础，对于学术交流具有重要意义。学术规范规定着学术话语的基本体系和学术见解的呈现方式，要促进高校思想政治教育学术活动实现更全面的人际交流、校际交流甚至国际对话，必须确保对学术规范的严格遵守。学术规范的水平还关系到学术交流的深度和质量，只有将学术规范严格化，在已有学术成果的基础上科学设定学术规范，精确把握核心问题，全面梳理现有资料，才能增强学术交流的实效，开展高质量的交流活动。

其次，着力创新，体现学术交流平台的多样性和组织性。构建一个繁荣的学术交流平台，就要创新学术交流活动的形式。可通过出版相关著作、开展系列学术报告、举办各类论坛、推进校际学术交流等多种活动促进学科内多元主体的相互借鉴，实现各种观念和思潮的碰撞，并激发研究主体的求知欲和研究灵感。此外，研究主体应充分重视高校思想政治教育学术交流平台的教育服务功能和组织管理功能，以日渐多样的交流活动为载体，使参与者在活动过程中将交流成果与高校思想政治教育基础理论结合起来，并内化为自身的行为准则，丰富学科知识体系，促进学科专业化发展。

最后，结合形势，体现学术交流平台的时代性和灵活性。学科知识体系不但包含基础理论，还包括对当代世界经济发展形势与政治现状的研究。面对国内价值主体多元化的发展态势，高校思想政治教育的学术交流活动也必须具有鲜明的时代色彩，交流活动的内容与形式都要涵盖学科前沿，体现国内外的环境特征和我党所持的基本态度。

高校思想政治教育学术交流平台建设应当坚持从实际出发，确保各方主体针对当前学科面临的现实问题展开交流合作。高校思想政治教育的现实问题在于新时期背景下如何加强对学生意识形态的培养。在开展学术交流活动之前，各方主体应对学生的思想状况及其成因进行较为透彻的了解，并以学生当下的心理特征为前提开展活动，以保证学术交流平台的灵活性。

（四）高校思想政治教育评价反思的科学化

对教育结果进行客观全面的评价，并将评价结果用以参考新的教育目标的制定与实施，其目的在于更好地推进高校思想政治教育评价反思的科学化发展。

1. 科学设定评价指标体系

高校思想政治理论课教学评价指标体系的科学化程度决定了评价活动的水平，因此，建立科学、合理的评价指标体系成了教学评价的首要任务。高校思想政治理论课教学评价指标体系内在地包括指标项目、权重集合和量化方法三个部分，这三个部分相互联系，共同影响着教学评价指标体系的整体性功能。

（1）制定有效的指标项目

教学评价指标项目的制定必须与教育目的和教学目标保持一致。教学评价指标项目是高校思想政治教育目的的体现，是思想政治理论课教学目标的全面再现。如果教学评价指标项目游离在教育目标之外，教学评价将失去意义。因此，指标项目的设置应以学生的全面发展为基础，具有丰富的实践性和可行性，保证其内涵质量最优，注重定量评价与定性评价相结合；保证通过测量能够得出明确结论，使指标项目得到主体的广泛认可，具有切实的可行性。

（2）保证权重集合的信度和效度

权重集合代表着各指标项目之间的关系，体现了指标项目的系统性。指标项目是教学评价指标体系中必不可少的子系统，是各个项目相互作用的有机整体。作为一个整体，各指标项目的设置就要体现其结构性。评价指标要侧重于实际应用，以坚持从实际出发、收集第一手材料来确保权重集合行之有效。

（3）采用科学的量化方法

量化方法必须体现高校思想政治理论课教学评价指标体系的应用范围，并与教学评价目的相适应。但出于高校思想政治理论课教学的群体性，主体要尽量确保量化方法简单易行，并设置一部分具体指标作为监控参数，如出勤率、及格率等。

2. 建立多维教育评价体系

从教学内容出发，将知识评价与价值评价相结合；从教学方法出发，将内在评价与外在评价相结合；从教育理念出发，将现实评价与潜在评价相结合。

（1）知识评价与价值评价相结合

①高校思想政治教育具有知识属性。通过课堂教学能够使学生掌握党和国家的指导思想和基本规范。对高校思想政治理论课进行教学评价，首先要对高校学生理解和掌握知识的程度进行考试和考查，以考试和考查的各项结果为依据展开评价。这是对课堂教学的知识性评价。

②高校思想政治理论课的教学任务不仅在于向受教育者传授理论知识，培养受教育者解决问题的能力，而且还在于引导受教育者将所学知识内化为价值观念和行为准则。这是高校思想政治教育的价值属性。评价高校思想政治理论课的教学实效，必须以学生政治方向的科学性程度和价值取向的合理性程度为依据。

高校思想政治理论课教学的知识评价和价值评价是以教学内容为基础展开的。当知识评价与价值评价都能得出合理的结果时，则可认为实现了成功的课堂教学。坚持知识评价和价值评价的有机统一，就是坚持马克思主义关于成功所要坚持的真理原则与价值原则的统一。

（2）内在评价与外在评价相结合

一方面，高校思想政治教育的教育主体是具有能动性的人，教育者会自觉针对教育结果进行内在评价，也就是自我评价。自我评价的特殊性在于评价主体是教育者本身，其标准通常是教育者对教学效果的预估和课堂教学取得的实际效果之间的差异。内在评价有助于教师及时调整教学方法，实现教师的自我发展。

另一方面，仅仅依靠教育者内在的自我评价而进行的教学反思是不全面的，改进教育手段和教学方法需要借助外在评价的辅助作用。外在评价包括高校学生对教师的评价、教师之间的相互评价和高校进行的各种教学评比活动等。外在的评价结果能够客观地反映教育过程中存在的问题，激发教育者的团队合作意识和良性竞争意识，全面提升教育者的教学水平。

（3）现实评价与潜在评价相结合

一方面，高校思想政治教育具有现实价值，包括知识体系的真理性、教育环境的客观性和教学方法的针对性。综合运用有效的现实要素能使高校思想政治教育更好地为当下社会服务。现实评价是衡量高校思想政治教育现实价值的重要标准，完善高校思想政治理论课教学的现实评价体系能够及时反映现实问题，切实提高教育效果。

另一方面，高校思想政治教育还会对受教育者产生间接影响，这种影响并不是直接体现在受教育者的外显行为上，而是发挥自身的“后劲”并伴随着受教育者持续发展。这就是高校思想政治教育的潜在价值。从长远来看，高校思想政治教育不仅要着力于现实价值，更要注重实现其潜在价值。

3. 合理运用教育评价结果

健全的评价指标体系和多维的教学评价方法能够为教育者带来有效的教学评价结果，科学合理的教学评价结果能够充分地发挥其导向、调控和激发功能，主导教学活动的实质性倾向，使教学活动的重点问题显而易见；鼓励教育者对课堂教学的评价结果进行评价，可以促进评价体系建设，推动教学活动进一步发展。

（1）主导教学活动的实质性倾向

新时期的高校思想政治理论课教学评价要以国内外环境为背景，以教育目的和教学目标为基础，以提高教学质量为目的展开。基于指标项目的科学性和量化方法的合理性，教学评价的结果一般具有客观性和公正性。高校思想政治理论课的教学评价结果能够为教育者的发展提供参照，通过分析评价结果，引导教师提升教学技能、改革教学方法、优化教学过程，发挥教学评价的导向功能，这样教学评价才具有现实意义。

（2）突出教学过程中的重点问题

基于权责系统的信度与效度，教育评价活动得以既全面又有侧重地开展，这使得教育评价的结果既具有全面性，又具有针对性。坚持在全面了解的基础上突出重点问题，就是坚持辩证唯物主义矛盾分析方法。教育者通过对高校思想政治理论课教学评价的结果进行数据化统计与分析，能够得出教学过程中存在的普遍问题与核心问题，并集中力量加以解决。

（3）激发课堂教学元评价意识

对高校思想政治理论课进行教学评价，目的在于更有效地开展教学活动。但是，教学活动是一个动态发展的过程，教学评价的指标体系和方法体系也要紧跟教学活动的发展。一旦教学评价指标体系和方法体系滞后于教学活动发展现状，评价活动将不再合理、恰当，这就会产生一系列负面效应。这些规律从对教学评价结果的分析中就可以得出。理性分析教学评价结果，能够引导教育者对教学评价的质量加以评价，即元评价。教育主体具备较强的元评价能力，有助于及时调整教育评价指标体系和方法体系，减少由于评价指标和方法不当带来认知上的偏差。

第二节　高校思想政治教育要素的系统分析

一、系统和系统分析

从严格意义上说，系统是指具有自己的构成部件所没有的新特质的整体构成物。高校思想政治教育是由教育主体、教育媒介和教育客体等要素构成的一个系统活动，教育主体通过教育媒介对教育客体产生作用，同时也在此过程中接受别人的教育改造并进行自我教育、自我改造。

在人才培养中，思想政治教育发挥着导向、保证、育人、协调和激励作用。把系统分析法应用到高校思想政治教育中，可以促进我们对高校思想政治教育系统结构和系统状态的分析，提高对其本质和规律的认识，并运用合适的方法来促进高校思想政治教育活动的开展。

二、发挥高校思想政治教育要素的系统作用

高校思想政治教育涉及诸多要素，将各个要素统一起来共同作用于受教育者，可促进人们思想道德素质的提高和人的自由全面发展。在此过程中，各个要素相互联系、各具特性，了解这些特性有利于教育者在高校思想政治教育工作中有的放矢，从而便于管理协调，提高高校思想政治教育的效率。

（一）运用整体分析法提升教育主体的效率

1. 丰富的理论储备

教育主体应从整体上把握我国新时期的指导思想。高校思想政治教育的目的在于提高学生的思想道德素质，促进学生自由全面发展，激励大学生为建设中国特色的社会主义、最终实现共产主义而奋斗。要深入贯彻习近平总书记系列重要讲话精神，从深度和高度上用科学的理论体系武装教育者，从整体上把握我们国家新时期的新成果、新思路，让高校思想政治教育工作与时俱进。

2. 健全的制度体系

制度体系在高校思想政治工作中具有重要作用，健全的制度体系可促进高校思想政治工作的有效开展。在高校思想政治教育制度体系建设的过程中，首先应由高校行政部门组织制度体系建设，再由学校的其他职能部门积极配合、落到实处，使思想政治工作与学校各方面的工作协调一致发展，形成党政工团齐抓共管的良好局面。

比如，在学生公寓的管理工作中开展以德育为主题的宿舍文化建设活动，由校团委牵头，政工干部配合，教学部门提供创意，后勤部门积极配合；通过学生发挥教育客体的作用，积极营造良好的宿舍文化环境，同时形成较好的评价反馈体系。这就是一个从整体出发、各个部门协同配合的思想政治教育活动。

（二）运用层次分析法对教育客体因材施教

1. 高校思想政治教育由若干子系统构成

任何一个系统的子系统都有其独特性。首先，系统是由不同等级层次的系统构成的，而每个系统都是作为更大系统的子系统，或者更小系统的母系统存在的，所以系统又呈现出不同的层次性。

其次，高校思想政治教育系统是由若干子系统构成的，而这个系统的层次性体现在思想政治工作的对象、内容等方面，包括教育主体、教育客体、教育媒介等。在思想政治教育活动中，认识到各个子系统的客观存在以及各个子系统的特征，有利于全盘谋划，促进思想政治教育工作的有效开展。

2. 高校思想政治教育客体具有差异性

高校思想政治教育的客体不同，实施教育的内容和方法也不同。高校学生的思想认识水平、学习能力参差不齐，如他们有不同的成长背景、不用的文化层次、不同的专业方向等，即便在同一个专业当中，又有不同年级、不同专业水平和不同学习能力的学生。因此，认识到教育客体的独特性是开展好高校思想政治教育工作的前提。和谐源于秩序，秩序源于定位，给学生以正确的定位，实现教学相长，可促进思想政治教育工作的有效开展。

（三）运用环境分析法保证教育媒介的有效运用

任何一个系统都处于一定的环境中，与环境产生关系。一个系统在环境中要想生存和发展好，要积极适应环境的发展和变化，调整自身系统的设置。作为高校思想政治教育的对象，大学生有不同的生活实践范围，在不同的生活实践范围中受到不同环境的影响。因此，高校要通过系统分析法中的环境分析法充分了解高校学生所面临的环境，并有针对性地进行思想政治教育。

1. 家庭环境

原生家庭是大学生的第一所学校，它是最基本的社会生活组织形式，是构成社会的细胞，家长的思想、行为和教育水平等对子女的思想品德的形成、发展产生重要影响。因此，在教育活动中，高校思想政治教育者应了解大学生的成长环境，保持和家长的有效沟通，帮助不同年龄段的大学生在思想政治教育过程中及时调整自己的定位，在德、智、体、美等方面全面发展。

2. 学校环境

学校环境由多个层面组成，它们共同影响学生的思想及行为。学校环境包括课堂教学、实践教学、教师个人素养、校风校纪等，它潜移默化地影响大学生的思想品德，是逐步渗透的，具有全面性和阶级性。因此，高校应注重学校环境建设，先创造一个良好的校园环境，把教育内容慢慢渗透到教育活动中，让学生在自然而然中形成正确的价值观。

第三节 高校思想政治教育的方法创新

一、基于个体视域的高校思想政治教育具体方法创新

（一）自觉自省法

自觉自省法是教育个体在教育过程中，以主体的姿态自觉地对自我的思想政治道德进行认知、对自我的情感进行培养，进而促进自我信念的养成，以培养良好的思想政治品德的方法，主要包括自我修养法、自我管理等方法。此种方法体现了个体接受外界信息的觉悟和觉醒能力。

（二）叙事疗法

叙事疗法是目前受到广泛关注的后现代心理治疗方式。它摆脱了传统意义上的治疗观念，其理论相信当事人才是解决自身问题的专家，放大积极的自我认同，抵制消极的自我否定。对叙事疗法中“故事叙说”“问题外化”等理念的借鉴必然能够丰富高校思想政治教育方法，加速其科学化发展。

二、基于校园环境视域的高校思想政治教育具体方法创新

（一）隐性教育法

隐性教育是相对于显性教育而言的，它是学校教育的重要组成部分，是一种内隐的、间接的、具有渗透性的“无形”教育方法。比如，通过物质情境、文化情境、人际情境等方式使高校思想政治教育回归现实生活，这种教育方法有利于促进大学生思想品德的健康发展。

（二）心理疏导法

加强大学生心理健康教育工作是高校德育工作的重要组成部分，对大学生的思想政治素质的提高有着重要的影响。因此，高校要积极构建“学校领导、部门统筹、院系负责、同学互助”四位一体的心理健康教育工作联动机制或通过构建校园心理危机干预系统、设立校园心理咨询室、创新大学生心理健康教育形式等方式来加强大学生的心理健康教育，积极创建和谐校园。

第五章　高校思想政治教育面临的时代性问题

随着我国经济社会的快速发展，社会的整体形势也发生了巨大转变。在这种背景下，高校思想政治教育的影响因素自然也与以往不同了，就业压力、网络舆情等因素往往会极大地影响思想政治教育的推进和发展。因此，应高度重视思想政治教育所对应的相关影响因素及问题，这对加强和改进高校思想政治教育工作具有重要的现实意义。本章分为我国高校思想政治教育面临的形势变化、新媒体对我国高校思想政治教育的影响两部分，主要内容包括我国高校思想政治教育面临的国际、国内形势变化，新媒体环境下高校思想政治教育的特点等。

第一节　我国高校思想政治教育面临的形势变化

一、我国高校思想政治教育面临的国际形势变化

一方面，经济全球化的发展使世界各国的政治、经济和文化都能够进行深入的交流，将世界变成了一个能够相互联系和影响的整体。但是，东方国家和西方国家还是存在一定的差异性，无论是在意识形态方面还是在物质方面，都体现出一定的差别。

另一方面，伴随着科技的高速发展与进步，文化传播的速度日新月异，新兴的网络媒体与自媒体等也让文化传播的渠道变得更加广泛与便捷。科技的进步让世界各国之间的联系更加紧密，文化的开放不可避免地使西方的文化和价值观如潮水般涌入我国，与国内传统文化和价值观进行激烈的碰撞，对大学生价值观的形成产生了或直接或间接的影响。而且新时代大学生是在互联网下成长起来的一代人，其对文化与价值观念的接受范围也更加广泛，比较容易受到一些不良文化和思想观念的影响，从而导致其盲目推崇外国文化。例如，部分大学生喜欢圣诞节或者万圣节的热闹氛围，再对比中国传统

节日的冷清状况，可以看到外国文化渗透了青年学生学习、生活的方方面面，其对大学生的思想意识和行为产生的影响不容小觑。这就导致对大学生进行思想政治教育变得更加困难。

二、思想政治教育面临的国内形势变化

在改革开放四十多年的时间里，中国社会日新月异，同时也面临着巨大的挑战。在一心一意谋发展的过程中，需要有一种价值体系或者思想精神来鼓舞伟大的中国人民继续努力、艰苦奋斗。

（一）市场经济体制带来的挑战

从一定程度上来说，大学生思想政治教育工作是与某些经济基础相匹配的意识形态方面的工作。近年来，我国经济水平不断提升，社会经济体制发生了较大转变，意识形态也发生了很大的变化。这种价值观念的冲击对大学生产生了较大的影响，大学生对思想品德的重视程度普遍低于对知识技能的重视程度，他们在学习中很难提升学习的积极性。这成为高校思想政治教育中的一个挑战。

（二）科技发展变化带来的挑战

随着社会经济的不断发展，信息技术也得到了飞速发展，为人们的生活提供了较多的便利。随之而来的是信息的大量传递，网络的发展让信息传递更加迅速且范围更加广泛。在这样的背景下，大学生思想政治教育得到了更好的技术支持，知识的获得变得更加快捷。但与此同时，巨大的信息量也容易使辨别是非能力较低的学生误入歧途，因此，提高大学生思想政治素养势在必行。

（三）国家教育方针带来的挑战

我国的教育方针开始转向重视学生的素质教育，这对大学生思想政治教育产生了两方面的影响。一方面，其为高校思想政治教育提供了更大的空间和综合素质教育方法，促进了高校思想政治教育教学水平的提升；另一方面，其带来的是更加多元化的背景，各项教育目标使得高校需要不断地提升自己的教学水平。这对高校思想政治教育来说增加了一定的工作难度，提出了较大的挑战。

（四）教育工作体系问题带来的挑战

在高校思想政治教育的实施过程中，教育工作体系问题对提升教育效果

提出了一定的挑战。高校思想政治教育要面对的是学校、教师等在教学思想认识和素养等方面的问题，这些也是当前我国高校教育中的弱势所在，对我国的高校思想政治教育产生了一定的阻碍。高校在日常教育中要重视这样的教育挑战，将挑战转变为机遇，积极扭转困境，从而提升大学生的学习效果。

第二节　新媒体对我国高校思想政治教育的影响

一、新媒体概述

与传统媒体相比，新媒体所包含的因素优势突出，如在信息的传播速度、传播量以及涵盖范围、信息的传播途径等许多方面具备显著的优势。

（一）新媒体的内涵

新媒体是新兴的网络传播媒介形态，它是主要依托网络信息技术和数字技术的新兴媒体。在现代信息网络技术快速发展的条件下，新媒体的输送速度呈现快速提升的趋势，其输送内容在持续地丰富和完善，传播的范围也在持续地扩张。

一方面，在存在形态方面，与传统媒体相比，新媒体是以网络信息技术和数字技术为基础的新型媒介，如微信、微博等。当前在我国，微信和微博的普及率都非常高，群众普遍认可和接受这些新媒介，它们在我国的经济、政治和文化中都扮演着举足轻重的角色，对人们的生活、学习和工作都带来了一定的影响。

另一方面，新媒体的一个重要特性就是双向交流互动性，这种互动性不仅包括上行的信息反馈，还包含下行的信息输送。新媒体所具备的双向互动性特征使旧媒体受到了严重冲击。当前社会的新媒体是依托数字技术发展起来的可以实现主客体双方互动交流的媒介，是对新时期的新型媒介的统称。

（二）新媒体的主要类型

新媒体所涵盖的范围是极为广泛的，它的类型也非常丰富，如我们日常生活中经常使用的微信、微博、QQ 等都属于新媒体。本节根据传播的渠道和信息接收终端将新媒体分为互联网新媒体和手机新媒体两大类。互联网新媒体是以数字化技术为基础的多种媒介形态的总和，主要有门户网站以及移动电视等。顾名思义，手机新媒体主要将手机作为信息的接收终端，包括手机电视、手机新闻等。

1. 互联网新媒体

互联网新媒体主要有两种类型，分别是门户网站和网络电视。

（1）门户网站

门户网站主要指的是与互联网信息相连通并在第一时间向用户提供咨询服务的应用系统，也就是人们直接接触的网络平台。最初门户网站的基本功能是满足人们对信息的搜索需求。随着科学技术的进步以及人们对网络信息需求的日益增长，在网络市场优胜劣汰机制的影响下，一大部分的门户网站实现了向多种服务并存的成功转变。

（2）网络电视

网络电视（Internet Protocol TV）主要以宽带 IP 网为基础，以互联网中的视频资源为主体，以显示屏或者电视机等为接收信息的终点设备，以计算机为接入中介，使网络能够顺利接入，从而促成数字化电视的实现，使人们可以在观看视频的过程中做到随看随停、按需观看。

2. 手机新媒体

手机新媒体是以智能手机为中介向人们进行信息传播和共享的媒介形态，它产生于网络技术和移动通信技术的结合。手机新媒体是信息传播的主要形式之一。

近几年出现了抖音短视频、火山小视频以及快手等手机软件，并且在不同年龄段的人群中流行着。它们传播了大众所喜闻乐见的通俗文化，以短视频的表现形式来吸引受众点击和观看。据统计，到 2019 年 1 月 24 日为止，抖音短视频的安装次数为 3.4 亿次，火山小视频的安装次数为 2.0 亿次，快手的安装次数为 1.1 亿次。时至今日，这些手机软件的安装量依然不可小觑。通过这些数据我们可以知道，目前手机新媒体于网络受众而言是较为重要的。除了这些短视频软件外，我们还可以通过今日头条、搜狐新闻等手机软件来及时地了解最新的资讯。与报刊、书籍等旧媒体相比，手机新媒体所传递的信息更为丰富多彩，即时性更强，涉及范围更为宽广，实现了我们足不出户就能了解世间百态的美好愿望。

除此之外，手机新媒体还有我们大多数人都会使用的聊天软件，如微信、QQ、微博等。但是它们又不单单具备聊天的功能，除了聊天的共同功能之外，微信中的朋友圈功能以及 QQ 中的空间功能都具备记录生活、发表心情的功能，微信中的公众号服务使用户可以关注自己感兴趣的话题或热点等，而 QQ 中的邮箱功能为用户发邮件提供了便利。

（三）新媒体的主要特点

1. 开放性

新媒体能够对信息进行快速的、海量的、多角度的实时传播。新媒体在传播途径和传播的信息方面具备开放性的特点，信息通过新媒体进行传播时的传播主体、传播时间以及传播地点是不受限制的。人们可以利用新媒体平台自主地进行信息的发布、传播以及接收，其中包括积极的、正面的、真实的消息，也囊括了消极的、负面的、虚假的消息。但不管是真实的还是虚假的信息，都会通过新媒体自主而广泛地传播。

2. 虚拟性

网络平台是一个虚拟的世界，这种虚拟性涵盖了信息的虚拟性和传播关系的虚拟性。在网络空间秩序逐步完善的过程中，人们可能会挣脱现实社会对自身的约束，在网络中暴露自身的本性，对一些网络信息进行篡改，捏造不实言论等，或者进行网络暴力，也就是目前网络中的热词“键盘侠”的行为。虚拟信息在这群人的助推下快速地传播着。同时，参与信息传播的撰写者和接收者以及传播者也是虚拟的，人们可能永远不知道屏幕的另一端是谁。在新媒体时代，网络内容的虚拟性以及网络信息输送途径的虚拟性对传统媒体形态造成了一定的冲击。

3. 交互性

交流互动性可以说是新媒体的一个较为显著的优点了。过去的媒体信息输送只是单一的从内容发布者到接收者的传递，接收者没有自主选择的权利，只能被动地去接收信息，而不能在信息的输送过程中开展交流互动。新媒体时代的到来使用户不仅仅扮演着信息接收者的角色，也成了信息内容的发布者和传播者。科技的进步为信息的采集、筛选和制作提供了较大的便利，智能手机所具备的文本输入、智能照相以及视频拍摄等功能为受众转变为信息的发布者创造了条件。

4. 即时共享性

新媒体的即时共享性使人们不再受时间和地点的制约，可以在第一时间掌握最新的消息和资讯。而人们在第一时间发布消息、传播消息、接收消息，能够及时有效地实现信息的共享。信息的发布和传播不再像过去一样受到时间、地点的制约，传播的信息量更大、内容更为丰富、覆盖面更为宽广。指纹纹路解锁、人脸识别解锁和声音识别解锁为传统的数字字母解锁注入了新鲜的血液，这些先进的技术对受众具备一定的吸引力，从而使受众群体更加积极地融入新媒体，乐于表达自己的观点，进而实现信息的共享。

5. 个性化

新媒体技术的出现使信息发生了从“点对面”传播方式到“点对点”传播方式的转变。在新媒体背景下，人们可以根据个人喜好和个人需求订阅或关注自己感兴趣的内容或个性化服务。新媒体的个性化特点，一方面为个人的信息自由提供了一定的平台，为个人的个性化发展创造了一定的空间，对大学生的创新性和学习动机具有激发和激励的效果；另一方面也使我国高校思想政治教育工作面临严峻的形势。面对新形势，传统的思想政治教育不足以解决新媒体的普及应用带来的新问题。思想政治教育工作者应当在满足群体个性化需要的同时转变自己的教学理念、丰富教学内容、创新教学手段，以为人民服务和为国家服务为出发点，为社会主义现代化建设培养和储备优秀的人才。

二、新媒体环境下高校思想政治教育的特点

在新媒体环境的影响下，大学生思想政治教育的主体、客体和载体相比过去呈现出不一样的特点。这里主要针对受新媒体技术影响而呈现出的特点进行分析。

（一）高校思想政治教育主体的特点

当前是一个新媒体技术较为发达的时代，新媒体技术已经逐渐渗透到各行各业，潜移默化地影响着人们的思维方式和行为习惯，对高校思想政治教育也产生了一定的影响。新媒体技术的迅猛发展不仅使我国的教育模式发生了一定程度的变革，而且使思想政治教育处于机遇和挑战并存的局面。在我国的教育过程中，高校思想政治教育者占据主体地位，在教学过程中起主导作用。高校思想政治教育者承担着促使大学生的心理朝健康方向发展的主要职责，在新媒体技术的作用下，高校思想政治教育的主体呈现出以下特点。

1. 难以明确自身定位

部分思想政治教育者对高校思想政治教育的特殊性、艰巨性、复杂性、长期性的认知不足，不能明确自身在高校思想政治教育过程中的合理定位；把思想政治教育理论课等同于其他课程，认为大学生思想政治课堂只是简单地传授知识，把高校思想政治教育的实际效用简单地归结为热烈的课堂氛围和成绩单上的高分，对思想政治教育缺乏深刻的认知。一部分思想政治教育者的思想过于保守，不懂得与时俱进，缺乏一定的创新意识和创新能力，缺乏为科研献身

的精神。新媒体在教学中的运用意味着应实施新的教学模式，传统的、陈旧的教学模式已经不再适应新媒体技术发达的今天。但部分教育者因循守旧、固执己见，不肯随着社会的变化而变革自己的教学方法、丰富教学内容，而是选择忽视新媒体技术对高校思想政治教育的影响，在课堂中循规蹈矩地使用传统教学方式。

2. 难以解决教学障碍

部分高校思想政治教育工作者由于长期采用传统教学模式，缺乏一定的与学生交流互动的技巧，不能站在平等的位置上和学生进行心与心的交流，缺乏调动大学生学习积极性的能力。高校思想政治教育者承担着全校学生的思想政治教育工作，其教学任务与其他教师相比繁重许多，很难在教学过程中做到课堂细致化、学生教学一对一。在具体的教学过程中，教师主要依靠实践来把握课堂中对知识理论的灌输程度以及学生的参与积极性等。同时，在教学过程中教师还面临一系列依靠自身难以解决的问题，如学生的安全问题、时间的协调问题、所需经费问题等。

在新媒体技术影响下的教学环节中，教育者还需要具备一定的敏感问题回应技能、对学生思维的解析技能和舆论风向的引导技能等。在晋升体制中存在一些难以协调的问题，依照目前的教师工作评定标准和职称考评机制来看，在新媒体影响下的教学模式中有很大一部分教学工作量难以计入考评机制，这对教育者的教学热情是一个相当大的阻碍。

（二）高校思想政治教育客体的特点

现在大学生的组成部分主要为“00 后”。“00 后”的思维习惯与行为方式和以往年代的同龄人相比是有差别的。大学生群体作为高校思想政治教育中的客体，认识和掌握他们在新媒体环境下所呈现出的特点对于高校思想政治教育的实际效用有着非常重要的影响。目前，大学生在新时代新媒体环境的影响下主要呈现出以下特点。

1. 智力水平的差异

与以往大学生有所不同的是，“00 后”中的一部分大学生生长在社会经济水平上升的重要时期，家庭较为富裕，所以从小就参加各种培训班掌握了多种才艺，如舞蹈、摄影、音乐、绘画等。由于从小就开始接受各种知识、技能的培训，从童年时期就处于竞争相当激烈的环境中，所以他们的智力水平基本上已远远超过了以往年代的同龄人。他们的接受能力和学习能力都比较强，对新事物有较强的好奇心。在新媒体技术的影响下，他们所接触的知识和信息量也更为丰富，为他们以后的人生道路打下了坚实的基础。

2. 心理状态的差异

“00后”大学生中的许多人都没有兄弟姐妹，为独生子女，所以他们的心理特点与以往兄弟姐妹较多的同龄人是不一样的。他们心理方面的特点呈现出一种多维度、多方面的复杂性，他们所具备的特点经常呈现出一种矛盾而又互为因果的状态，具体表现如下。

一部分大学生性格热情外向，乐于与他人交流，善于与他人结识；还有一部分大学生性格比较孤僻，不善于同他人交流，交际圈比较狭小，可能仅限于同班同学或者同宿舍同学；更有甚者，与同班同学或者同宿舍同学之间的交流也很少，在生活、学习中遇到困难也不向身边的老师或同学寻求帮助，拒人于千里之外，总是给人一种冷漠、不好相处的印象，久而久之，周围的人习惯了他们的内向，这使这群孤僻的人更为孤独，甚至导致被忽视的结果。

一些大学生存在十分矛盾的心理特点，有的时候相当自信，有时候又特别容易自卑，内心非常脆弱敏感，比较在意外界对自己的评论和看法；一些大学生的内心世界极为丰富多彩，他们认为自己对这个世界中的“规则”的了解远远超过同龄人，外在表现出与同龄人不一样的成熟；有的大学生比较了解国内外的各种社会思潮，受这些思潮的影响，其价值观与同龄人相比可能更为现实也更为功利；一些大学生的个性较为张扬，做事比较特立独行、我行我素，缺乏一定的团队合作意识和集体荣誉感；一些大学生由于从小就倍受宠爱而形成了一种自私的品格，做事方面从来不考虑他人的感受，对他人不管不顾，更在意自我的感受；一些大学生遇到事情可能都是由家人或朋友帮助解决，导致自身抗压能力很差，遇到一些挫折或困难就会迷失自我；一些大学生表面上对一切事情满不在乎，每天都开开心心的，实质上内心特别压抑和空虚，导致抑郁症的产生；还有一部分大学生嫉妒心较重，不能接受别人更为优秀。

另外，许多大学生具有敢于批评、敢于质疑的精神，面对不合理的事情敢于提出自己的观点。从总体上来说，“00后”大学生是具备多重特点的一代。

3. 行为习惯的差异

“00后”大学生多数在家庭中为独生子女，从小备受父母和长辈的照顾，自理能力不强，对家人的依赖程度较高。然而在生活中他们又具备一定的独立观念，不喜欢父母或长辈过多地干涉自己的生活，但他们在生活中和同学发生冲突时不具备解决冲突和矛盾的能力，于是便会产生一种孤独感，既不愿意与父母沟通交流，又在感情上过度地依赖父母。这就使他们产生了一种矛盾心理，这种矛盾心理常常会使他们非常痛苦。一些大学生有着常人难以理解的独特爱好，当他们在学习上不能取得理想成绩时，就会用这些独特的爱好吸引周围人的注意力，以博得父母和同学的关注，来满足自己心理上的感情需求。一些大学生在服装和发型上标新立异，过于追赶时尚和潮流，穿着与自身身份不太符合的奇装异服。他们的消费观念比较超前，更多地依赖和沉迷于电子产品，在学习、生活以及娱乐中经常借助新媒体。但过于超前的消费观念致使一部分价值观处于成形时期的大学生深陷于“校园贷”的风波中。

（三）高校思想政治教育载体的特性

新媒体技术的出现为当代大学生的生活、学习等方面带来了或大或小的影响。网络已经成为当代大学生生活和学习中至关重要的组成部分，它对大学生思想价值观念的形成和发展都带来了一定的影响，成为新时代思想政治教育的新渠道。新媒体在当代占据着媒介行业的主阵地，与报纸、杂志、广播、电视等传统媒体相比，新媒体技术以自身所具备的诸多优越性而占据重要地位。简言之，新媒体技术成为当代高校思想政治教育的主渠道，并具备以下特性。

1. 覆盖范围较大

传统媒体所输送的信息量具有有限性，而新媒体所输送的资源覆盖面较为广泛且传播的信息量非常大，人们可以利用新媒体技术自主地选择自己感兴趣的话题或者新闻等。它既包含传统媒体信息传递的一般功能，又在其基础上有了创新和改进，使媒体的影响力更为广泛和深远。新媒体利用自己的媒介形态，如数字电视、门户网站、手机媒体等，实现了信息的广泛传播，信息的输送由“一对多”变为“多对多”。新媒体以数字信息化为基础，以信息的交流互动为显著特点，是具备创新性的新的媒介形态。

2. 交流方式改变

新媒体实现了信息交流的双向互动性，使信息传播的参与者能够平等地参与到信息的交流传播中去。新媒体不像传统媒体一样简单地把人们作为自己的传播对象，它模糊了国与国之间、产业与产业之间、信息的发布者和接收者之间的界限，使受众群体在参与信息的发布、传播、互动和交流时更为积极主动。新媒体技术下的信息传播打破了国家、民族、社会、宗教信仰、文化差异所带来的限制，呈现出网状的传播特点。它突破了传统媒体话语霸权的局限，造就了人人可以自由、平等地参与信息探讨的局面。

在新媒体环境下，人人都能利用新媒体技术来表达个人的思想、传达个人的意见和看法，每个人都能够成为信息的发布者、传播者和接受者，每个人都能够成为思想家、表演家、艺术家，人们的职业界限不再明显。大众可以利用网络的虚拟性构建一种虚拟的社会关系，在虚拟的网络世界去认识不同的人。许多网友通过网络世界获得虚拟的爱情、虚拟的友情等，从而满足自身在现实生活中满足不了的需求。人的本质是一切社会关系的总和，新媒体在一定程度上满足了人的社会关系的需求。

3. 需求更加生活化

新媒体所具备的多重优点深受大学生的喜爱，无论是在他们的生活中还是学习中，新媒体都扮演了一个重要的角色。新媒体技术已然成为当代大学生生活和学习中不能分割的一部分，越来越多的人患了"手机综合征"，要经常看手机才能获得安全感和满足感，他们离开了手机就像鱼离开了水的保护一样，会感觉身心不自在。

随着科技的迅猛发展，网络在社会中的覆盖面越来越广，沉迷于网络的人也与日俱增。新媒体为大学生提供的网络信息越来越重要。新媒体信息传播的即时共享性特征使人们可以随时分享个人的所想、所感、所闻，不再受时间、地点和空间的限制。人们的交流和沟通也相当便利和快捷，信息的传递跨越了空间的限制，比如我们足不出户就能了解其他城市或者其他国家所发生的事情或新闻。

新媒体已成为当代大学生获得信息的主要途径，深受他们的喜爱，智能手机在当代大学校园随处可见，基本人手一部。手机新媒体具备较全面的网络功能，且携带方便，成为人们出门必备的物品。当前智能手机以极快的速度更新换代，不管怎样，未来新媒体技术会朝着越来越先进的方向发展。

三、新媒体对高校思想政治教育的影响

（一）新媒体对高校思想政治教育的积极影响

在新时代把握新媒体技术对高校思想政治教育的积极作用，并利用这种积极作用更为高效地开展高校思想政治教育，增强高校思想政治教育课堂的影响力，是我们在新时代处理好新媒体技术与高校思想政治教育关系的重要研究课题。

1. 丰富高校思想政治教育的内容

与传统媒体相比，新媒体输送的信息量更多、即时性更强、内容更为多

样、范围更为广泛。对于教育主体而言，过去思想政治教育的内容主要源于报刊、书籍、电视、广播等，具有较大的时间、空间限制；而目前思想政治教育的内容源于各种媒介平台，教育者能够掌握一定的新媒体技术，对微博、微信等应用软件能够熟练使用，就会了解到更多与高校思想政治教育有关的内容。对受教育主体而言同样如此。过去大学生主要通过课堂来学习新知识、新内容，现在的大学生可以通过慕课、微课自主学习在课堂上接触不到的内容。

新媒体的即时性特点使受众可以在第一时间掌握最新的信息，像百度、搜狐、新华网等网站无时无刻不在更新最新的资讯，尤其是国家有重要会议期间还能够及时地跟踪报道。全文数据库为教育者和受教育者查阅资料带来了极大的便利，教育者能够通过网络搜集查找自己所需要的知识和内容。网络上的内容多样且完善，为教育者的工作提供了资料支撑。

受教育者不仅可以通过手机媒体来放松自己，同时也可以通过手机媒体所提供的资源来充实自己。手机新媒体能够将文字与动态视频相融合，从而提高学生的学习积极性。新媒体技术的出现极大地充实了思想政治教育的内容，使高校思想政治教育的内容更为全面，得到学生的高度认同。

2. 提高高校思想政治教育的针对性和实效性

新媒体是连接现实生活与虚拟网络世界的纽带。新媒体的出现从根本上促进了人们交往方式的变化，对正处于探索新奇事物热情高峰期的青年大学生的生活方式和交往方式也产生了一定的冲击。

在新媒体时代，人们能够利用各种媒介渠道畅所欲言，表达自己的所见、所闻、所感。教育者可以利用新媒体平台打开大学生的心扉，及时了解大学生的内心世界，可以拉近大学生与教育者之间的距离，还可以使思想政治教育工作做到有的放矢，使高校思想政治教育达到预期的效果和目的。

大学生与教育者之间的信任感问题是高校思想政治教育工作中亟待解决的问题。传统的教学遵循“课堂中心、教材中心、教师中心”的教学原则，在课堂中教师与学生是不平等的关系，教师成为课堂的中心，不能实现教师与学生的双向互动，削弱了高校思想政治教育的影响力。现在可以通过微博、微信、QQ 等平台来进行交流互动。在网络中双方的身份具有隐匿性和平等性，虚拟的世界更容易使人卸下防备心理，促进感情的升温，消除彼此间存在的心理障碍，增强教师与学生之间的信任感，从而使高校思想政治教育的效果得到提升。

大学阶段是大学生树立理想信念和价值观的重要阶段，高校思想政治教育者可以利用新媒体技术将马克思主义理论传播到大学生的头脑中去，使大学生可以用马克思主义理论武装头脑，为社会主义现代化建设贡献自己的一份力量。

3. 创新高校思想政治教育的手段和方法

具体问题具体分析的思维方式告诉我们马克思主义理论不是教条式理论，对问题要结合实际情况来解决。矛盾的普遍性告诉我们万事万物都存在着矛盾，这些矛盾都是不同的，我们要针对各个矛盾根据实际情况具体分析。

在新媒体技术飞速发展的今天，思想政治教育的方式也应当做出一些改变。我们应当改变过去教师填鸭式灌输和学生被动接受的教学方法，改变学生死记硬背的学习方法，使学生能够真正地去理解，做到知识的融会贯通，使学生能够利用马克思主义的立场、观点和方法武装头脑，形成正确的世界观和方法论。

新媒体技术在高校普及后，一系列的思想政治课教学软件也应运而生，“中成智慧课堂”就是一个典型代表。其实现了在思想政治教育课堂上教师与学生的有效双边互动，有效解决了当代大学生在课堂上“抬头难”的问题，有效激发了学生的学习积极性。

新媒体技术融入课堂，使得思想政治教育课堂变得更为生动多彩，打破了过去思想政治教育课堂的教学模式，丰富了高校思想政治教育的手段和路径。过去以书本为知识唯一来源的局面已经被打破，数字化电视、智能手机已经成为教师和学生汲取知识的重要辅助工具。

面对当前这种信息技术迅猛发展的新媒体时代，我们要注重新媒体技术与高校思想政治教育的结合，变革教学手段和方法，使新媒体技术能够在大学生“三观”的培养与形成中起到积极作用。

4. 增强大学生在思想政治教育过程中的自主性

突破传统思想政治教育的束缚，实现思想政治教育由传统向现代的转变是思想政治教育积极变革的表现，也是思想政治教育走出困境、寻求新发展的必由之路。对现代化先进技术的运用是思想政治教育由传统向现代转变的一个重要标志。

高校思想政治教育中融合了新媒体技术，随之而来的是教育模式的变革和发展。新媒体技术对传统的教育模式造成了一定的冲击，随之而来的是以数字化、信息化技术为基础的教育模式。现在的思想政治教育课堂以较大的影响力取代了过去乏味无趣的课堂，在新的教学模式下展现的是全新的思想政治教育课堂。思想政治教育工作者采用灵活多变的方式，利用案例分析、情景引入等方法激发学生的学习兴趣，激起大学生的学习欲望，可以使大学生自觉主动地接受课堂的熏陶、接受思想政治教育，并自觉地学习理论知识。

（二）新媒体对高校思想政治教育的消极影响

1. 新媒体影响大学生的价值观念

新媒体的开放性使人们能够在网站上浏览各种信息和资源，了解多元的文化知识和价值观念。但网络中丰富的信息在对高校思想政治教育产生正面作用的同时，也产生了一定的负面作用。就积极影响而言，海量的信息拓宽了大学生的眼界，使大学生能够获得许多在现实世界接触不到的知识。就消极影响而言，大学生的“三观”正处于形成的重要时期，网络上的不良信息可能会造成大学生价值观念的扭曲。互联网中的信息良莠不齐、真假难辨，一些大学生在浏览信息的过程中可能会接触到不良信息和虚假信息，并对这些消极的信息产生兴趣，其价值观念很容易受到影响，为高校思想政治教育增加了难度。

目前我国正处于社会变革期，一些西方不良社会思想观念侵入我国，冲击着我国大学生的价值观。大学生正处于人生道路中的关键时期，在这个阶段，其世界观、人生观、价值观正处于形成时期，对外部的思想观念缺乏一定的识别能力，极其容易受到不良思潮的影响和侵害，从而形成错误的价值观，造成政治意识淡薄、道德意识混乱等。而在传统的思想政治教育模式中，学生主要通过课堂、电视、广播、报刊来获取信息，这些信息都是经过筛选且符合社会主义核心价值观的正确信息。因此，网络中传播的不同价值观念对大学生造成了一定的影响。

2. 新媒体影响大学生的心理健康

新媒体所具备的虚拟性特点在为大学生提供交流学习的场所的同时，也会对其心理健康造成一些安全隐患。虽然新媒体的虚拟性在一定程度上为大学生展现自我提供了保护，然而，虚拟的网络世界并不能替代现实世界，长期沉迷于虚幻世界的人际交往可能会造成大学生在真实世界中与人沟通能力的弱化或丧失，甚至会造成大学生混淆真实世界与虚幻世界，不能进行身份的正常转换，遗忘自身的现实责任。

可以说，新媒体所具备的一些特点对大学生的心理健康发展来说是一个极大的威胁。

3. 新媒体影响思想政治教育工作者的权威性

新媒体的即时性能够使大学生不受时间和空间的约束而获取自己所需要的信息，打破了过去以课堂为主渠道获取信息的模式，使高校思想政治教育工作者的权威地位受到影响。一部分高校思想政治教育工作者的自身理论水平有限、科研能力较弱，不具备一定的创新观念和创新思维，固执地采取以往的填鸭式教育手段，将理论知识一股脑儿地传输给学生，不管学生是否真正理解和吸收，忽视了学生的真正需求，弱化了教育效果。在新媒体的影响下，信息的共享性使高校思想政治教育工作者面临信息资源储备不足的困境，使其面临学生对其信任度下降和权威地位受到威胁的双重危机。

目前，高校思想政治教育工作者和学生处于一种互相学习的状态，学生可以与老师同时获取信息和资源，甚至学生获取的资源会多于教师，致使高校思想政治教育工作者的权威地位受到影响。高校思想政治教育工作者要更新教育观念，使思想政治教育与新媒体技术相结合，善于从这些信息中发现不一样的点来指导学生，努力探索在新媒体技术作用下的高校思想政治教育的规律与方法，以提高自身的教学水平。

4. 新媒体对大学生的思想观念造成了冲击

大学生群体作为我国知识教育水平较高、受过高等教育的人才，在社会热点问题上和重大事件发生时应当勇于承担责任，敢于提出看法，积极表达观点，参与民主决策。针对网络空间中的一些负面现象，大学生应建立批判性思维，并利用有效渠道发表自己的观点以发挥新媒体的监督和批评作用。然而，实际情况并非如此，大学生在使用新媒体技术方面仍然不够主动。他们中的大多数在网络活动中都是旁观者，而不是参与其中表达自己的观点。这主要是由于大学生没有意识到新媒体会对社会产生巨大影响。对他们来说，新媒体只是一种娱乐的工具或接收信息的手段，他们经常使用新媒体来放松自己。然而，他们很少利用新媒体来表达自己对公共事件的观点和看法。

此外，大学生只是数亿网络用户中的一小部分，如果他们传递的信息缺乏引人注目的因素，便很难在新媒体环境中产生很大的影响力。在新媒体环境下，普通大学生应当提高自己的认知能力，在网络世界里自由地表达自己的意见，即便自己的意见会石沉大海。此外，即使一些大学生通过新媒体积极表达自己的观点，他们也很难以当前的新媒体素养水平对某些事件提出专业意见和建议。总体而言，大学生的新媒体素养水平仍需提升。

第六章　高校思想政治教育对大学生精神动力的培育实践

思想政治教育的重要价值之一就是能为人们的发展提供精神动力。思想政治教育只有关注人的精神动力，才能为人的全面自由发展提供源源不断的力量和智力支持。在全面深化改革的进程中，需要一代代大学生的自觉担当，需要可持续的精神动力作为其强有力的保障。本章分为高校思想政治教育视域下大学生精神动力培育概论和激发大学生精神动力的途径与措施两部分，主要内容包括当前大学生精神动力缺失的主要表现、大学生精神动力培育的重要意义、激发大学生精神动力的方法与途径等方面。

第一节　高校思想政治教育视域下大学生精神动力培育概论

一、相关概念释义

人们时常提起“精神动力”一词，但对它的科学内涵却并不十分清楚。要进行精神动力研究，首先要对什么是精神动力这样一个基本问题进行解答，通过对其概念的详尽阐释，准确把握精神动力的本质，并在此基础上分析大学生精神动力的内涵。

（一）精神动力及其本质

1. 精神动力的概念

精神动力是与物质动力相对而言的一个名词概念，是人的理想信念、思想觉悟、价值取向、道德情感、意志力等各类精神因素对人从事的一切实践活动及社会发展产生的重要精神推动力、精神作用力和精神影响力。这一界定试图对精神动力概念的丰富性加以完整诠释。关于精神动力的概念，还应把握以下两点。

第一，人的头脑只有将各类精神因素变为其真正存在，人的实践活动才会有动力推动。换言之，人只有将有益于自己发展的思想理论、价值取向、道德情感、意志力进行内化，主体的精神力量才会在实践活动中得以推动。由于不同主体内化的精神因素不同，其形成的精神动力也就截然不同。譬如，若一定主体内化了积极的精神因素，精神动力的积极方面就会产生作用；若一定主体内化了消极的精神因素，精神动力的消极方面就会产生作用。在一定社会或社会群体的内部，若社会或群体成员接纳的是精神因素的相同部分，精神动力便会产生相同部分，整个社会的凝聚力或社会群体的向心力也会加强；若社会或群体成员接纳的是精神因素的相异部分，精神动力便会产生相异部分，整个社会的凝聚力或社会群体的向心力就会减弱。因而，我们不仅要让主体内化积极的精神因素，发挥主体精神动力的积极作用，而且要让社会或群体成员把精神因素的相同部分内化，进而使整个社会群体形成并加强精神动力的相同部分。

第二，人的头脑是把推动人进行实践活动的物质因素转化为人的实际动力的载体。无论是精神因素还是物质因素，都需要经过人的头脑传输，首先成为人意识中的自觉因素，再在人的头脑里形成意志动机。只有如此，人的实践活动才能得到影响和推动，转化为实际动力。事实上，推动人行为的物质动力也是以精神动力的形式显现的。一定的精神动力由物质动因转化而来，物质力量也随之变大，从而推动了人的实践活动。人类反复用实践证明，对隐藏于精神动力中的物质动因我们要留意，对物质动力可以转换为精神动力我们更要留意。

2. 精神动力的本质

通过对精神动力概念的完整诠释，归根结底我们要追寻的是精神动力的本质。研究精神动力的本质就要涉及其根本属性，这是一种内在且持久的、所有精神动力共同的性质。但精神动力的这种根本属性是其他任何动力所不具备的，因此是其本身所特有的。精神动力的本质，就是在社会一定的物质生活和实践活动基础上形成、发展起来并作用于人的精神的能动性的集中表现。精神动力之所以最突出、最集中地表现了人的精神的这种能动作用，有以下原因。

第一，人的精神具有能动的创造性。在一定条件下，人的精神、意识对这个世界既可以进行客观反映，又可以进行主观创造。在客观世界里，对精神、意识的正确反映是具有一定积极性、主动性与创造性的，而不是具有消极性、被动性与机械性的。如此说来，这种无穷的创造力是由具有创造性的精神、意识本身所产生的，人们的观念创造就可以更好地转变成现实创造。

第二，人的精神具有能动的促进性。如前所述，人的活动，尤其是实践活动，是一种自觉能动的活动。人的头脑里如果形成精神、意识，对人的实践活动就会能动地自觉促进，使其发挥巨大作用。人的精神的能动性一定要通过主体的实践活动得以展现。主体的精神在其实践活动中会有促进性的能动作用，这是精神动力的最好体现。必须明确的一点是，只有发挥精神动力的能动促进作用，人的实践活动方能顺利进行；只有人的实践活动得以深入展开，精神动力的能动促进作用方能得到良好发挥。

第三，人的精神具有能动的辐射性。人的精神动力一旦产生，就会以不同形式广泛地影响、辐射其所能及的范围，精神合力由此聚集而成，对改变人类社会乃至作用于整个世界产生一种较为强大的推动力量。

（二）大学生精神动力的内涵

对精神动力概念的把握有利于分析大学生精神动力的内涵。而研究大学生精神动力的内涵不仅有助于对精神动力的本质进行深入理解，而且有助于分析大学生精神动力培育的意义，也为分析大学生精神动力缺失的表现及成因奠定了基础。大学生精神动力，即大学生的理想信念、思想觉悟、价值取向、道德情感、意志力等各类精神因素对其从事一切实践活动及社会发展产生的重要精神推动力、精神作用力和精神影响力。大学生只有在头脑中将各类精神因素变为真正存在，其实践活动才会有动力推动。

而对于大学生而言，由于其内化不同的精神因素，所以个体就会形成截然不同的精神动力。也就是说，大学生在具体的实践活动中，若把有益于自身发展的精神因素主体化，便会产生积极的精神力量；反之，大学生若把有碍于自身发展的精神因素主体化，便会产生消极的精神力量。因此，大学生要有鉴别能力，自觉屏蔽不利的精神因素，不断激发有利的精神因素，充分发挥主观能动性，使其精神动力的促进作用、辐射作用、创造作用更好地汇聚起来，以服务于大学生的实践活动。

二、当前大学生精神动力缺失的主要表现

当前，大学生对物质的追求与对精神的追求存在偏颇，即过于注重物质追求而忽视精神追求，极易让自己的精神家园荒芜，以致精神动力缺失。现依据其共有的问题，把大学生精神动力缺失的主要表现概括为以下五个方面。

（一）思想觉悟不高

经过十几年寒窗苦读，莘莘学子迈进了自己梦寐以求的高等学府，成了名副其实的大学生。这时，便有部分学生认为考上大学便万事大吉，再也不用像

高考前那样点灯熬油地拼搏了，再也不用过着“两点一线”的乏味日子了，终于可以好好享受象牙塔的美好生活了。思想上的松懈使得一部分大学生迷失了前进的方向，消磨了奋斗的动力，因此感到苦闷、惶恐、不知所措。久而久之，他们就出现了上课迟到、课后把老师布置的作业当作耳旁风等现象，一些学生混文凭、混青春，毫无精神上的追求。

此外，随着近些年国家对教育的大力投入与扶持，我国的高等教育逐年扩招，大学生的数量也明显增多，就业压力、生活压力日益加大。有部分学生把在大学期间能够加入党组织视为一种荣誉，把成为一名光荣的中国共产党员视为找工作的有利砝码或进身之阶，入党积极性颇高，但思想动机不端正，认识上较为片面，具有务实性与功利心，纯粹是消极的精神因素在作祟。事实上，行动上的入党并不等同于思想上的入党，这种知行不一的现象会严重影响到学生党员的质量，应当尽早加以杜绝。因为如果一个人没有思想上的高度，那么在行为上他是走不远也飞不高的。

（二）价值取向偏离

大学校园生活多姿多彩，人际关系复杂，犹如一个复杂的“小社会”，这使得一些身处其中、涉世未深的大学生本末倒置，过分热衷于参加各种学生组织，如学生会、社团、志愿者协会等。他们认为拥有学生会干部这样的头衔在奖学金评选、优秀生评选以及保研留校时均有极大的优势，因此把大量的时间、精力放在了学生活动上，忽视了自己作为一个学生的基本职责——学习。

在当代大学校园里，还有一些大学生把奢侈消费、及时行乐作为人生追求。这些行为不仅偏离了时代所赋予大学生的正确价值取向，而且影响了大学生积极精神动力的发挥，是不可取的。

（三）道德情感匮乏

一般来说，大学生的道德情感匮乏主要分为两种。一种是作为社会个体的大学生，在行为选择上，其出发点并不是社会所倡导的道德规范，在态度上表现出无所谓；但是为了保护自己且避免与社会要求的基本道德规范相违背，他们做事尽量在道德允许的范围内，这是相对理性的大学生所表现出来的道德情感匮乏。例如，在校园生活中，有少部分大学生在得知自己的好友或熟悉的同学遇到麻烦的事情时，表示自己会适当地说一些同情、宽慰的话语，但问题与己无关，要学会明哲保身，大可不必多管闲事，无须为他人提供实际且力所能及的帮助，表现出对同学的冷漠与无情。

另一种是作为社会个体的大学生是极端个人主义者，即凡事以自我意识为中心，认为自我利益的实现高于一切，对他人的喜怒哀乐漠不关心，不仅做不到社会道德规范所要求的行为，反而做了社会道德规范所不允许的行为。这种道德情感匮乏是与理性相对立的大学生所表现出来的。例如，在校大学生中绝大多数都是独生子女，一部分大学生在买了新鲜的水果或零食时并没有想到与他人分享，而是先把自己愿意吃的先吃完，剩下不愿意吃的再分给寝室同学品尝。显然这些学生并不理解“己所不欲，勿施于人”的道理，更不懂得换位思考；还有少部分学生为了通过大学所要求的等级考试，采取不诚信的方法，想出各种作弊造假的方式，以求过关并取得证书。

（四）意志力较差

对于 21 世纪的大学生而言，要想达到自己的既定目标，克服前进道路上的重重阻碍，让自己的理想早日实现，同样需要顽强的意志力做保证。然而在我们的教育实践中，有一部分大一新生对大学的第一堂军训课表现出无法忍受的态度，对烈日暴晒、雨中站军姿、真人实战演练等艰苦训练每日叫苦不迭，甚至装病、编谎话请假等奇招层出不穷，让人难以想象。一个没有健壮体魄的大学生，就算读书再多也不能成为对社会有用的人。

三、思想政治教育视域下大学生精神动力培育的重要意义

研究思想政治教育视域下大学生精神动力培育的重要意义，是在研究精神动力相关概念基础上的必然延伸，是回答大学生精神动力培育的必要性的另一个角度或视域。大学生精神动力培育的意义，是适应时代进步的客观要求，也是思想政治教育的题中应有之义，更是实现大学生全面发展的有效途径。

（一）适应时代进步的客观要求

伟大的时代召唤伟大的梦想，伟大的梦想需要伟大的精神，伟大的精神凝聚伟大的力量。大学生有关精神动力的观点正确与否，精神动力的力量是否稳定持久，都直接关乎中国梦的实现。因此，现代社会对大学生精神动力的培育比以往更加迫切，也更加重要。

如今的大学生大多生于 20 世纪 90 年代后期或 21 世纪初，长于社会转型期。这时改革开放进入攻坚阶段，人们的物质生活水平逐步得到改善，但是精神文明建设表现出了发展的不平衡性。社会上出现的一些不好的风气无疑也会潜移默化地蔓延到正处于世界观、人生观、价值观形成时期的大学生群体中，造成大学生理想信念模糊、道德情感匮乏、意志力较差等问题。长此以往，会使大学生渐渐丧失对精神世界的追求。

一个人的生存和发展需要精神动力来推动，同样，一个社会的变化发展也需要精神动力来推动。简单来说，精神动力对每一个人都很重要，对一个国家、一个民族来说更是如此。近代以来，在我们对中华民族伟大复兴梦想坚定不移、矢志不渝的追求征途中，培育大学生精神动力是适应时代进步的客观要求。作为承前启后、继往开来的一代，当代大学生应当把正确的思想观念、价值取向等各类精神因素进行内化，使其形成积极的精神动力；同时将国家梦、民族梦和个人梦紧密地结合起来，把精神的“长城”建立在自己的意识中，建筑在自己的日常生活和学习中。大学生只有准确把握时代脉搏，抓住当前的大好时光，发奋图强，中国梦才能得以早日实现。

（二）思想政治教育的题中应有之义

1. 思想政治教育功能方面

通过调动人们在社会实践活动中的积极性、主动性和创造性，进一步使人们的思想政治素质得以提高，为人们提供强大的精神动力，这是思想政治教育的基本功能，即激发精神动力。大学生是社会宝贵的人力资源，他们的精神动力状况如何，应当具备什么样的精神动力，如何更好地让思想政治教育的功能优势得到发挥，以激发大学生的精神动力、精神力量，面对这些突出存在的课题，无论是从思想政治教育的基础理论还是应用理论的发展来看，都需要加强对大学生精神动力培育的研究。

2. 思想政治教育任务方面

对大学生内在精神素质的培养来说，思想政治教育起着尤为重要的作用，它也是培养大学生成为“四有”新人的基本途径。因此，要顺利完成思想政治教育的任务，需要大学生以科学的理论武装头脑，树立崇高的理想信念，保持精神状态健康乐观，具有良好的道德品质，增强自身的法治纪律观念，不断提高文化知识素养。以上这些也正是培育大学生精神动力中至关重要的部分。

（三）实现人的全面发展的有效途径

马克思主义认为，人的发展应是全面的发展，不能成为“半边人”。全面的人是人与动物的本质区别。动物只有本能，没有思想，也没有精神世界；而人的发展所需要的是双重推动力，即物质推动力和精神推动力。精神的推动力决定了人的发展的全面性。作为接受过良好教育的社会人才储备力量的大学生，祖国和民族的未来与其息息相关，大学生的全面发展问题也受到了党中央及国家相关教育部门的高度重视。大学生思想政治教育的任务旨在促进其全面发展。

当前国际国内形势的深刻变化使大学生的全面发展既拥有有利条件，又面临严峻挑战。就国际环境来看，在世界政治格局多极化、经济全球化、文化多元化进程中，我们应重视西方文化思潮、价值取向对我国大学生产生的影响，否则大学生会受到一些不良生活方式的侵害。

培育大学生的精神动力，可以帮助大学生站在马克思主义的立场，运用辩证唯物主义的观点和方法理解、分析国内外复杂的形势和问题。加强对大学生的思想引导，有利于正确处理价值取向多元化与指导思想一元化之间的矛盾。还可以将大学生的思想和行为朝着正确的方向引领，防止其消极精神因素的增长，更好地帮助他们坚定正确的精神追求，使其精神动力持久、稳定地发挥作用，努力实现积极精神动力的价值，促进大学生的全面发展。综上所述，在思想政治教育视域下加强大学生精神动力培育具有十分重要的意义。

第二节　高校思想政治教育激发大学生精神动力的途径与措施

一、激发大学生精神动力的方法与途径

大学生作为青年人中的优秀代表，是国家未来发展的中坚力量，被家庭和社会寄予了深切的希望。只有他们拥有积极的、强大的精神动力，才能产生奋发有为的行动。

（一）激发大学生精神动力的方法

要在思想政治教育实践中促使大学生有意识地产生正确的、强大的精神动力，需要学生自身和社会共同努力，总结起来有以下几种方法。

1. 激励法

人的精神动力的提升程度与外在的激励有着密切的联系，这是因为外在的激励能不同程度地满足人的物质需要或者精神需要。运用激励的方法可以促进人产生新的更高层次的需求，尤其是精神方面的需求，推动人进行新的实践活动。因此，激励可以使人产生不满现状、寻求改变的动力，是激发精神动力的基本方法。注意发挥物质因素的激励作用，因为运用一定的物质因素或方式调动人的积极性会使人产生行动动力。

在现实中，物质因素是激励人做出行动的基础动力，其激励效果最为明显，很容易被人们接受认可。比如，奖学金对大学生学习动力的促进作用，劳动报

酬对增强大学生参与实践主动性的作用。在教学中探索运用物质激励的方式和时机，结合职业生涯规划教育，把未来的职业报酬与个人能力提升联系在一起，让学生知道只有努力提高自身能力，才能适应未来的工作需要，获得丰厚的报酬，才能最大限度地激发大学生的精神动力。

注意发挥精神因素的激励作用。运用精神因素的激励作用指通过满足人的精神需求来激发人的精神动力。人的精神需要是一种高级需要，如对友情、尊重、成就、审美等的需要。满足人的精神需要可以产生强大的精神动力。对大学生来说，老师恰当的赞扬、鼓励，同学之间和谐融洽的人际关系以及成长与进步的欣慰都能使他们产生强大的精神动力。开展“红色旅游”活动具有极大的激励效果，能让革命年代的各种伟大精神激励当代大学生继承光荣的革命传统和奋斗精神，净化其在现实生活中逐渐浮躁的心灵。要使思想政治教育能解决学生的思想问题，让学生在社会主义市场经济条件下，在追求正当的物质利益的同时自觉追求超越物质的理想信念，要用构建中国特色社会主义和谐社会的伟大社会主义共同理想来激励大学生发奋努力。

2. 体验法

体验法就是通过一定手段或方式使人受到影响和感化的方法。在思想政治教育中，教师应注意用创设情境、参观访问、实地考察、交流谈话等形式创造体验的条件与氛围。例如，在思想政治教育教学中，如果在张思德墓前给学生讲解《为人民服务》的写作背景与深远的历史意义，让学生体会到共产党全心全意为人民服务宗旨的确立过程和艰辛的实践过程，会达到入心入脑的积极效果。

红色旅游活动在激发大学生的精神动力方面起着举足轻重的作用。高校思想政治教育者可组织大学生在学习之余参观各地的革命纪念馆以及革命遗迹等，缅怀先烈们的丰功伟绩，弘扬革命精神，使广大青年学生铭记革命历史，坚定共产主义信念，在现实生活中努力提高自身参与社会主义现代化建设的能力素质。

3. 榜样法

榜样法指在思想政治教育过程中，通过传播典型的人物事迹树立标准，发挥其示范作用，为人们指出合理的、正确的道德、信念等。在思想政治教育过程中，榜样法可以使抽象的说理变成生动的事例，更容易引起大学生对思想政治教育课的兴趣，激起其思想上的共鸣和思考，以达到提高教育效果的目的。这种方法也是思想政治教育者常用的教育方法之一。

众所周知，事物的发展总是不平衡的，发展水平总是千差万别的。人们的思想认识同样如此。人与人的认识水平与思想觉悟都是有差别的，对于这种情况，必须发挥典型人物、事迹的引领作用。典型人物、事迹具有这样的特性——其都是共性与个性的统一体，就是既是一般的代表，又比一般优秀，有极强的引导作用。典型人物中有的是时代精神的践行者，有的是传统美德的弘扬者，也有的是新时代精神的创造者，他们的事迹为人们创造出了宝贵精神财富，具有直接的说服作用。在实际教学中，榜样有“近”和“远”之分。这里的“近”是指新近发生的、时效性比较强，与教育对象的生活比较贴近的榜样；“远”是指历史上的、离教育对象生活的时代比较远，但是也极具教育意义的典型榜样。这两种榜样都具有教育意义，灵活运用才是关键，把“远”变“近”会增强说服力。好的典型人物、事迹对广大大学生来说是很好的指引者，尤其是发生在大学生身边的典型事例，既容易模仿又不会给人以遥不可及之感，能直接转化为鞭策大学生努力进取的动力。

从青年人的特点来看，大学生都有不甘落后的上进心和强烈的自尊心，通过对榜样的学习，更容易激发大学生提升自我的动力。在延安大学思想政治教育课教学中，教师经常会利用延安革命圣地的独特条件，带领学生实地参观革命遗迹并进行现场教学，让学生亲身感受革命先烈的伟大人格，为学生形成共产主义理想信念树立了典型的榜样。在具体教学过程中，教师也是学生的榜样之一，对学生的影响是潜移默化的，又是深远的。

上述几种方法是最基本的方法，在实际生活中，这些方法是相互联系、相互作用的，共同激发大学生的精神动力。

（二）激发大学生精神动力的具体途径

一切从学生的实际情况出发，在尊重大学生身心发展规律的基础上，教师可通过以下四种途径促进思想政治品德的内化和外化，激发大学生的精神动力。

1. 通过理论教育激发认知动力

人的情感培养和意志水平的提升过程，总是与理论知识的丰富过程相伴随的。丰富大学生的共产主义知识理论，提高其马克思主义理论水平，让其了解我国社会主义建设的艰辛历程，是培养其积极情感、坚强意志必不可少的认知基础。因此，对思想政治理论的学习是十分必要的。

在学校开展关于理想信念的演讲比赛、关于我国近代史的知识竞赛、关于社会热点问题的辩论赛等活动，都可以增强大学生对思想政治教育的认知能力。高校可加强民族精神和时代精神教育，用这两种精神激励大学生。民族精神所具有的凝聚民族力量的作用是十分重要的。衡量一个国家综合国力的强弱，不只是经济水平和技术实力方面的强弱，民族凝聚力、创造力等精神方面的强弱也是综合国力的标志之一。

时代精神指当下社会实践中人们的精神追求，体现为改革和创新。民族精神只有结合时代精神的发展才能在社会主义市场经济中发挥作用。时代精神在我国社会发展中表现为对突发灾难的顽强抵御、对科学进步的不懈追求等，正是这种精神使我国经济社会得以稳定发展。只有对大学生进行民族精神和时代精神教育，才能有效抵御西方腐朽思想的侵蚀，使其成为国家和社会的优秀建设者和接班人。

对大学生进行“人民主体”思想教育，有利于大学生自我价值的实现。重视人民的价值是无产阶级理论的基础，人民群众是历史的创造者，只有在人民的价值中才能实现个人价值。这种教育可帮助大学生树立正确的价值观，强调的是个人对社会的贡献。贡献有物质和精神两方面，只有在为人民、为社会服务的过程中才能成为一个有价值的人。社会主义核心价值观教育对大学生人生观、价值观的形成和发展具有深刻影响，可帮助大学生树立远大的人生目标，形成积极乐观的生活态度，明确价值取向和评价标准。

要学习好理论，就要认真读书、勤于思考，领会理论的精神实质。比如，对马克思主义哲学理论的掌握要达到系统、完整、准确的程度，再应用于实际生活中，去分析实际问题、认识实际情况，只有这样，才能理解理论、把握理论。高校所教授的哲学理论旨在锻炼大学生的思维，只有在解决实际问题的过程中才能让学生意识到其价值。高校思想政治教师可将理论教育与形势教育结合起来，启迪学生独立思考社会问题，运用马克思主义哲学的观点分析实际问题，真正掌握所学理论的实质。大学生掌握了基本理论、增强了认知动力还远远不够，还需要密切联系实际，在实践中检验理论认识、提高认知水平。

2. 通过社会实践教育增强行动能力

高校社会实践是学校按照教育目标的要求在学生的课堂理论学习之外，有计划、有组织地开展的实践锻炼活动，如开展社会调查、志愿服务、勤工俭学、有偿见习、生产劳动及参与社会公益活动等。教育实践表明，社会实践能有效促进大学生成长成才。社会实践活动的重要性在于其教育锻炼意义，因此管理要科学，活动设计要连续化、系统化，评估考核机制要科学，以确保收获实效，避免流于形式。只有在社会实践中，大学生才能了解到社会现实，更进一步明确学习的努力方向，产生压力感，巩固责任感，增强求知欲。通过社会实践，大学生得以亲身接触、观察、体会到现实生活，对比以前的认识受到启发，从中得到正确的思想认识，激发出精神动力。只有在参与社会实践时形成的思想情感与认识才是深刻的、生动的，才具有更深远的引导作用。

一方面，帮助大学生树立正确的择业观和就业观。要在思想政治教育中融入职业生涯指导，促使大学生确定合理的职业理想与目标，提升全面发展的内在动力。马克思曾经针对青年的择业就业问题发表了经典论述，认为青年人在选择职业时应该选择最能为人类谋福利的职业，同时强调职业选择要与自身能力相适应。大学生选择职业时要与社会利益结合起来，使自己的工作有价值、有意义，要认识到学业与未来职业的重要关系。大学生在学校期间要掌握一定的专业知识、专业技能，提高自我修养，只有这样，毕业后才能有条件找到理想的工作，才能胜任工作要求。如果技能不精、知识不全面、品行不佳，就算是有理想的工作也不能胜任。

另一方面，引导大学生正确对待就业压力，增强抗挫折的能力，使其有参与市场竞争的资本；指导大学生有效进行兼职活动，与未来职业联系起来，使就业的压力转变为上进学习、提高自我的动力，避免由于压力产生焦虑、抑郁、嫉妒、自暴自弃等心理问题。职业是事业与理想之间的桥梁。大学生选择了合适的职业并且为之努力奋斗，终会获得事业的成功，进而实现事业理想、生活理想等。因此，明确职业理想、尽早规划自己的发展道路，能为学习实践提供上进的目标动力。大学生应从职业生涯角度出发看待自身的全面发展，使发展目标有实现的途径，教育过程变得具有可操作性。通过社会实践锻炼，大学生可直接感受到社会对职业素养的具体要求，引发对自身职业发展目标的思考，增强成才进取的精神动力。

3. 从德育入手提升道德动力

道德是社会和个人发展的重要动力。我国从古代开始就十分重视道德在个人修养和社会发展中的作用，认为道德力量是推动社会发展的重要动因之一。道德规范约束人的行为，规范了人与人之间的关系，增强了群体的力量，增强了人类改造自然的能力，从而推动社会的发展。古今贤人都把提升自身的道德修养作为毕生的追求。

提升大学生的道德水平是思想政治教育的目标之一。道德规范是人们区分善恶是非的基本标准，是人们对特定事情为与不为的基本依据。道德教育就是宣传基本的道德规范。对大学生进行德育教育有利于大学生在思想上形成对公民基本道德的认同，以公民道德规范为标准，正确进行道德判断并做出道德选择，充实精神生活，提高道德境界。

思想政治教育中的德育需从三个方面实施。第一是自我道德人格的完善。高尚的行为和文明的习惯是大学生自我道德人格完善的结果。第二是遵纪守法的规范教育。树立社会主义法治观是遵纪守法的前提，社会主义道德与法律相辅相成。进行法律常识教育，就能尽量避免一些道德缺失事件的发生，因个体对法律的无知而违法犯罪的事例不胜枚举。在学校，约束学生养成遵守校规校纪的意识，在此基础上大学生才能在社会生活中遵守公民基本道德规范。第三是社会主义共同理想的确立，即树立为建设中国特色社会主义伟大事业而努力奋斗的理想。欲建大功者必须有大德，“德高”才能“望重”，而道德又与个人的功名成就联系在一起。个人价值的实现，需要在社会主义现代化建设实践中进行，因此必须把个人理想与社会发展需要相结合。人的责任感、羞耻感、成就感等都是道德情操的具体展现，是情感升华的体现。在实际生活中，部分学生知识的积累与道德品质的养成不同步，知识的持续丰富没有带来道德修养的相应提升。其原因之一是知识都是从老师那里直接搬来用记背的方法掌握的，没有经过思考、加工且内化于心，更没有付诸行动；学习过程缺少感情的升华，没有将所学知识转化为道德信念。有些大学生虽然接受了多年的道德教育，但是没有在思想上给予重视，在实际生活中遇到和道德判断有关的问题时会出现动摇、是非观念不清的现象，导致做出错误的行为选择。因此，德育要贴近社会现实。市场经济通过利益调动人们的积极性和创造性，推动生产力的发展。在这种情况下，人们容易形成唯利是图的不良倾向，给道德教育带来一定挑战。面对这一现实，德育要引导学生正确看待和追求物质利益。所谓“君子爱财，取之有道”，要在遵守道德要求的前提下追求物质财富。

从青年对家庭的义务角度进行教育，更容易唤起大学生的责任心，激发其回报意识和感恩意识。比如，父母要让成年子女明白应对家庭做出贡献，承担一定的家庭责任。教师可运用多种方式从亲情方面开展教育活动，让学生对同学、对老师、对家长有感恩意识并试图回报。

我国的德育有着悠久的传统和深厚的文化基础。我国古代德育十分重视整体价值观，以民族利益、国家利益为重，把德育上升到国家的高度，并且探索了许多有效的德育方法。这都是值得大学生思想政治教育继承和发扬的。高尚的道德情操能使人实现内在与行动的统一，道德情操的约束、规范、指引作用对人的行为选择具有重要的调控作用。

4. 促进物质动力和精神动力的良性发展

在当前市场经济条件下，由物质因素所激发的精神动力极大增加。在这种情况下，人的精神动力的激发不能单从精神方面来开展，就精神谈精神是不符合实际的空谈。要以物质生活条件的进一步提高来巩固精神动力提升的基础，只有如此，人的精神生活和精神财富才会获得长远发展。就个人来说，处理好个人利益追求与社会道德要求的关系，就是精神动力的实质所在。我国古代的“义利观”就是一个典型。“义”指的是社会道德规范，“利”是物质利益的总称。在人们追求利益的过程中，不能无限制地追求利益，而要受“义”的约束。儒家“重义轻利”的思想是处理物质利益追求与社会道德要求的基本准则，它甚至把社会道德看成比个人生命还重要的东西。这些观点都是把义与利对立起来讲的。

也有一些人认为在重义的前提下，义利可以兼顾，如“君子爱财，取之有道”。这是比较符合实际的看法。在符合社会规范的前提下，追求物质利益是合理且正确的行为，这也是社会主义市场经济条件下个体应该遵循的准则。在建设社会主义的实践中，无论是个人成长还是社会发展，都必须注意防止出现两种偏差。一种是只强调物质动力、关注物质利益，认为只有物质利益才是实在的，才是对个人和社会有益的，只要物质动力提升了，精神动力才会相应得到提升；另一种是片面夸大精神动力的推动作用，认为只要大力提升精神动力，物质动力就会自然而然得到提升。总之，我们既要注重发挥好精神动力的导向和推动作用，又要正视物质追求的积极倾向，丰富的社会精神财富和物质财富都是我国社会主义建设的努力方向。

激发大学生的精神动力还应该注重把学习理论与提高自身素养结合起来。不仅要加强思想政治教育理论学习，更要加强专业知识学习，还需要在实践中磨炼意志，提升行动力，提升道德水平，提高精神修养。

二、在思想政治教育实践中培育大学生精神动力的措施

培育大学生精神动力，需要明确育人为本的办学方向，发挥思想政治理论课优势，建设和发展校园文化；同时造就一支高素质的师资队伍，搭建综合实践锻炼平台，树立大学生的自我教育意识。只有多措并举，才能探索出一条真正适合大学生精神动力培育的道路。

（一）明确育人为本办学方向以引导大学生的精神追求

改革开放是一场新的伟大革命，也是一次新的长征。面对新情况和新任务，改革并不能一蹴而就，也不会一帆风顺。它是一场攻坚战，也是一项长期且艰巨的任务，需要后继有人，更需要一代又一代大学生勇敢担当，认同中国共产

党的领导，拥护党的路线、纲领、方针、政策。

高校在政治、经济、文化诸领域发挥着无可比拟的作用，是社会发展的助推器。从目前高等教育的发展现状来看，高校基本实现了大众化。但其更要提升办学质量，重视内涵式发展，不能只贪图规模之大、数量之多。高校不是批量生产的加工厂，也不是培训机构，高校是精神养成的场所。高校文化的核心是育人，即引导大学生的精神追求，高校精神的“止于至善”就是“君子不器”，即正确处理个人发展与社会发展的关系。尤其在知识经济时代，高校的职能也比以往愈加突出，这种功能的实现就在于培养人才。

因此，高校必须站在新的历史起点上，明确育人为本办学方向的重要性。育人为本主要是面向全体大学生，实质是以大学生的全面进步和发展为本。也就是说，高校在传授学生专业知识的同时，更重要的是要注重学生品德的培养，使学生在智、德等方面全面、协调地发展。毫无疑问，这为中国特色社会主义事业建设提供了强大的精神动力和智力保障。

（二）建设和发展校园文化以丰富大学生的精神世界

校园文化主要包括两大层面：校园物质文化和校园精神文化。其中，校园物质文化是指校园文化中的硬件和较为直观的表现形式，如校园建筑、各种活动设施、校园绿化等物质形态；校园精神文化是指学校的精神面貌和风格特色，如学校的管理体制、规章制度等相关制度文化和广大师生、员工的行为规范、校风学风、价值取向等观念文化。建设和发展校园文化的根本目的，就是为丰富大学生的精神世界创造更好的精神条件和环境氛围。可以说，校园文化无论是对学校的发展还是对大学生的成长来说都具有重要意义。因此，必须努力建设和发展校园文化。

1. 营造民主氛围

校园文化是一种群体文化，它是通过师生的努力在教学、科研、管理等实践中建立起来的。这一群体文化要想丰富师生的精神世界，就必须营造民主氛围，积极调动全校人员，特别是师生在建设和发展校园文化过程中的参与性。在校园文化中营造民主氛围，就是要大大增加高校重大决策的透明度、公开性，让师生参与重大决策的建议被广泛征集或采纳，使师生的声音和意愿更好地在高校的重大决策中得到真实反映；还可以建立畅通的学校领导与师生间的联系渠道，例如，实行校长网上接待日，设置师生监督岗，长期设立意见箱等。通过这些措施使双方充分交流意见，可以进一步激发师生的精神动力、主人意识与归属感。

同时，要按照民主的原则来组织具体的校园文化活动和社团活动，处理问题、解决事情也要通过民主程序，这样才能使学生的民主观念得到培养。民主氛围的营造，是师生在建设和发展校园文化中积极参与的基本条件，也是建设和发展校园文化并使其平稳推进的重要保证。因此，下大力气营造浓厚的民主氛围是必要的，师生精神世界的丰富也需要以此为依托。在建设和发展校园文化时要充分发挥师生的作用，鼓励学有专长的教师以导师身份参与到校园文化活动中来，帮助学生编排健康、有益的文化体育活动，并将传统节日、重大事件等元素融于其中，经常给予学生指导或建议，不断提高校园文化活动品质。与此同时，要增强这些活动对学生的吸引力和感染力，使越来越多的大学生愿意加入校园文化活动队伍。这不仅可以让学生从中得到锻炼，还可以让学生的精神世界不再空虚，借以提升建设和发展校园文化的水平。

2. 建立健全校园文化设施

校园文化设施先进且齐全，校园文化环境优美且安静，这些为校园文化活动井然有序地开展创造了便利的物质条件，也代表着整个学校文化建设与发展的水平。因此，校园文化设施的建立健全和校园文化环境的构筑，是建设校园文化过程中不能遗漏的重要部分。高校要科学规划，要加大有关方面的资金投入力度，使各类文化设施不断完善，如图书馆、校史馆、电教馆、实验室、音乐厅、学术报告厅、体育馆、计算机中心、博物馆等。高校应利用这些场所来开展具有不同意义又多姿多彩的校园文化活动，以满足大学生的精神文化需要，进而丰富他们的精神世界；全面提升校园文化活动的层次与水平，使校园文化活动的整体效果进一步增强。

同时，高校还应对校园进行合理布局，在绿化、美化校园的过程中形成强大的文化向心力，使大学生在一个共同的文化精神环境中学习、生活。可以从对学生情操的陶冶和综合素质的提高视角出发，并结合高校自身发展的历史变迁情况，搞好校园景观建设、建设好园林绿化、装饰好教学楼等，让整个校园散发出迷人芳香、充满青春活力，成为一个既美观舒适又和谐宁静的校园生活圣地，用这种物态的、无言的方式感染和影响每名学生，从而达到潜移默化的育人目的。

（三）造就高素质的师资队伍以提供大学生精神支撑

教师的言行举止、知识储备、人格魅力等会无时无刻地影响着大学生的精神动力，因此，打造一支高素质的高校思想政治教育工作队伍就显得尤为必要。

1. 加强思想政治理论课教师队伍建设

思想政治理论课教师主要承担着高校思想政治理论必修课的教学任务。这支队伍作为马克思主义理论的教育者，党的路线、纲领、方针、政策的传播者，社会主义意识形态与精神文明建设的宣讲者，他们的教育质量、教学水平、教师素质的高低，能否为大学生提供精神支撑，都将直接关系到高校思想政治教育的成败与否。

2. 优化高校辅导员队伍

辅导员是开展大学生思想政治教育的骨干力量，是高校学生日常思想政治教育和管理工作的组织者、实施者和指导者。辅导员的教师身份使其在工作中应当是管理与教育相结合的，既要对学生的日常行为进行管理，又要注重学生思想素质的提升，要给予学生精神支撑，让大学生把党的思想政治方针转化为自己的意识内核与行动纲领。

当前一段时期内，我们应该看到，辅导员队伍的整体素质和发展方向是好的，他们在大学生的精神动力方面做了大量工作。但是，有些高校的部分辅导员不是很安心于自己的工作，他们很少有时间和精力扎根于学生当中，疏忽了对学生思想上的关心，不知道学生都在想些什么、需要什么，又在追寻什么。具体到做学生工作时，他们囿于自身专业背景、理论基础不够扎实，仅凭感觉和经验行事。这些都对大学生的精神动力培育产生了一定的影响。

因此，我们需要进一步优化辅导员队伍，使这支队伍能够达到国家相应文件的要求，真正成为大学生的人生导师，帮助大学生树立完整且正确的人生观、价值观，以形成精神动力源泉。高校在优化辅导员队伍方面担负着义不容辞的责任。首先，高校应把重视思想政治教育体现在辅导员队伍建设上，为辅导员创造良好的工作条件和工作环境，让他们都安心工作、爱岗敬业，一心扑在学生工作上。这样，辅导员就会思考如何为学生提供精神动力，从而更好地为培育大学生精神动力贡献一己之力。其次，高校要建立辅导员选拔、培训、考核、深造的用人机制，并使这四者有机统一，让更多有人文学科背景的年轻教师加入辅导员队伍，鼓励愿意干且有能力的辅导员在职攻读硕士、博士学位，这对提升辅导员的自身素质也是大有裨益的。最后，提高辅导员的科学研究能力，支持他们申报实证性研究项目。可以结合思想政治教育学科建设，也可以结合大学生思想政治教育工作实践。通过以上方式，可以让整个辅导员队伍的活力持续迸发。

（四）搭建综合实践锻炼平台以坚定大学生精神追求

高校是追求真理的地方，实践是检验真理的唯一标准。大学生要坚定精神追求，需要通过理论学习来认识世界，更需要通过实践锻炼来改造世界，正所谓“纸上得来终觉浅，绝知此事要躬行”。高校应搭建校内外综合实践平台，让大学生在实践学习过程中不断加深对社会的认识，坚定对真理的追求，激发对生活的热爱。这也是大学生成长过程中通向成功的必由之路。

1. 开展形式多样的校内实践活动

高校可以在每年的春季或秋季学期开展丰富多彩的小学期实践活动，由学校领导和主管相关部门共同参加活动的启动仪式，统筹安排活动，各下级学院根据活动主题结合本学院具体情况具体实施。例如，可以利用学校的法律专业教室开展“模拟法庭”庭审活动，聘请有资历的法官现场为学生点评与指导。这种法律实践活动不仅能增加教师今后教学的针对性，而且能让学生的学习重点更加明确，使立志成为一名合格法官的学生精神追求愈加坚定。另外，还可以组织“金融点钞大赛”，通过单指单张点钞法和多指多张点钞法两个环节的比赛，让学生一展专业技能和实际操作能力，使将来想从事金融会计类职业的学生提前过把瘾，在未来的学习中增加了学习的精神动力。

高校还要发挥好学生组织的积极作用，让学生会、社团联合会、生活区自管委员会等学生团体根据广大学生的需求，自发组织具有实践特色的集体活动。例如，“三尺讲台、魅力尽显”讲课大赛、“我的青春我的 young”迎新晚会等，从不同方面促进大学生精神追求的实现，进而培养大学生的团队协作意识和组织协调能力。

2. 推进校外实践活动建设

大学生校外实践活动是我国人才培养和社会服务体系中的重要组成部分，是广大学生坚持在实践中学习、向人民群众学习的有效载体，也是大学生走出校门、深入基层、了解国情、服务社会、坚定追求、增长才干的重要途径。近年来，国家一直在全面深化教育改革，大力实施人才强国发展战略。高校应以此为背景系统规划人才培养路线，着力加强实践育人工作，不断推进全方位、多层次、有特色的大学生校外实践活动建设，让大学生形成为人民服务的价值取向和精神追求，形成艰苦奋斗的意志品质，同时秉承理论联系实际的方法论来搭建坚实的校外实践平台。

高校还可以成立专门的大学生校外实践活动工作领导小组，并在学校团委设立相应的办公室。实践活动的团队可以由专家评审委员会、青年教师团队、研究生辅导员团队和大学生校外实践活动服务团队构成，在此基础上建立完善的项目规划、培训辅导、过程管理、评价激励等一系列规章制度，并开展校外实践活动视觉形象工程。同时校外实践活动要尽可能多地辐射到全国各地及海内外地区，努力拓宽校外实践活动的资源共享渠道，大力推进大学生校外实践基地建设。例如，构建爱国主义教育基地和国防教育基地，它们不仅能提高大学生整体素质，而且能引导学生树立正确的理想信念和人生价值观，使大学生在实践中凝聚精神力量并增强使命意识。

（五）树立自我教育意识以内化大学生精神信念

对大学生进行思想政治教育的目的，最终是使他们实现自我教育。因此，大学生要树立自我教育的意识，将自己的奋斗目标当作一种精神信念，不断鼓舞和推动自己前进，以实现自身的价值。

1. 扎实学习科学文化知识

当今世界性的经济、政治、文化的激烈竞争，归根结底是人才的竞争。只有让我们民族共同体中的每一位成员都具有扎实的科学文化知识，我们民族在世界上的竞争力才会更强，社会主义现代化建设才能顺利推进。

而当代大学生作为实现中国梦的后备力量，对科学文化知识的学习既是个人全面发展的体现，也是提升自我修养所必需的。这里所说的科学文化知识包括科学知识和人文知识，大学生应将二者有机结合起来，培养自己良好的科学精神和人文精神，训练自己严谨的逻辑思维能力和丰富的想象力，形成真正的优势互补。教师课堂上 45 分钟的教学对大学生获取较为全面的知识来说是有限的，这就需要学生利用节假日或课余时间通过广泛阅读来习得。

2. 加强大学生同辈群体间的沟通交流

在当代大学校园，由于考证热、过级热、就业难、学苗多等因素，大学生的学习压力比以往要大得多。而如何去排解心中的忧愁，就需要同辈群体来发挥作用，同学之间可以互相谈心、倾诉。其实，当一个人关心帮助他人时，自己也会受到教育，而且这是一种较为广泛且经常性的自我教育，无疑也是大学生内化自我精神信念的重要方法。寝室作为大学生在大学里的“家”，是学生栖息的港湾。每当夜幕降临时，同寝室的成员就会举行“卧谈会”，大家诉说人生经历与奋斗目标，评价生活中的某些奇闻轶事，讨论国家最近发生的重大事件等。这种沟通交流相比课堂上中规中矩的发言来讲，不受任何束缚，可以自由进行。在寝室成员的互动过程中，学生的自我教育是在潜移默化中得以实现的，精神信念也是在不知不觉中被内化于心的。

3. 依托网络资源强化主流价值观舆论导向

大数据时代拉近了大学生与世界之间的距离，网络日渐成为大学生生活中不可或缺的学习工具。高校应主动占领传播先进文化的主阵地，尤其是要把校园网建设成寓思想性、知识性、趣味性、服务性于一体的主流价值观网站和网页，发挥校园网对大学生的引导教育作用。

一是在网站内容建设上，要选取一些对大学生具有深刻启发意义的“经典”。例如，马列主义的经典著作，我国改革开放以来的成就及方针政策方面的专著或文件，有关感动中国年度人物的事迹等内容，让大学生通过上网学习来树立自我教育的意识，内化自己的精神信念。二是在网站形式建设上，要充分利用现代媒体技术来设计版块和栏目，研发带有文字、声音与图像等超文本链接的电子教材，对大学生的视觉、听觉产生超立体声冲击，增强校园网的吸引力和感染力，使大学生拥有持久的乐意到校园网来探讨和学习的精神动力。三是在网站活动建设上，不仅要形式多样，还应当适时推出评选或竞赛性的活动。例如，学习党的十九大精神网上知识竞赛、校园网优秀原创博文评选等，并给予获奖学生表彰和奖励，进而促进校园网网站访问量不断攀升。

我国改革进入攻坚期和深水区，社会发展进入新阶段。在此情势下，大学生作为社会成员中的先进代表，作为实现中华民族伟大复兴中国梦的主力军，他们精神动力的观点正确与否，精神动力的力量是否持久强大，都关乎国家未来人才教育的发展方向乃至中国特色社会主义事业的发展进程。因此，如何培育大学生的精神动力就成了思想政治教育视域下亟须解决的问题。

第七章　高校思想政治教育接受的理想状态

当前高校思想政治教育中普遍存在过分强调教师的主导作用而忽视学生主体地位的问题，大学生更多的是被动接受传授者的教育内容，教育的有效性有待加强。应积极提高大学生的思想道德素质，构建和谐社会，实现中华民族的伟大复兴。本章分为高校思想政治教育接受理论概述和高校思想政治教育接受理想状态的实现路径两部分，主要内容包括高校思想政治教育接受的概念、高校思想政治教育接受的理论基础、创新高校思想政治教育接受方法等。

第一节　高校思想政治教育接受理论概述

一、高校思想政治教育接受的概念

（一）接受的概念

接受是人类生活、工作、学习中不可缺少的，一般意义上被看作对对象的认可、接纳心态或者是积极选择、接受事物的活动过程。不同学者对接受的理解有所差别。唐震认为，接受是个体对客体的接受、吸收和内化过程，是个体逐渐适应外界事物的一种行为特征。胡木贵、郑雪辉认为，“接受，是关于思想文化客体及其体认者相互关系的范畴”。根据以上学者的观点可知，接受表示主体对某一事物的态度、立场、观点。所谓接受，可以概括为个体基于自身的情感倾向、喜好等对外界事物的选择、接纳，或者个体基于自身的能力对外界事物进行吸收、内化并指导自己行为的一系列活动。

（二）高校思想政治教育接受

高校思想政治教育在接受过程中，更加注重接受主体的认同心理，接受水平等因素对接受效果、接受质量的影响。我国学者对高校思想政治教育接受有不同的理解。高卫国认为，思想政治教育接受是指在高校思想政治教育接受活动中，高校学生在一定教育环境的影响下对教育内容的选择、理解、认同、接受并外化为自己的行为的过程。张耀灿认为，思想政治教育接受是指在接受环境的背景下，接受主体以自身需求为前提，在接受媒介的作用下，由对接受客体，即思想观念、政治观点、道德规范的反映、选择、整合、内化、外化等环节构成的活动过程。

因此，所谓高校思想政治教育接受，是指在高校思想政治教育教学活动中，接受主体在自己的情感倾向下，基于自身发展的需要对接受内容的选择、吸收，并在此基础上应用于实践，以提高自身的受教育程度、自身思想道德素质的活动过程。

二、高校思想政治教育接受的理论基础

（一）马克思主义的需要理论

需要是人类活动的开始，人的需要是人类进行社会活动的前提和动力。需要是人们进行活动的原动力，是马克思理解人的生命活动时提出的观点。马克思认为人的需要是人们进行活动的动力和目的。作为处于一定社会关系中的现实存在的人，个体一切活动的首要出发点就是要满足自身生存的各种需要，需要是个体进行活动的基础。马克思、恩格斯的需要理论认为，社会生活中存在着形式多样的需要，包括物质上的、精神文化上的、发展上的需要。物质需要是其他需要产生的前提，是人类生存发展的第一需要。只有在物质需要被满足之后，精神需要才会随之出现。人类一切行为、活动的基础就在于满足自身的物质需要和精神需要，满足需要是个体一切行为的内在动因。当自身的需要得不到满足时，主体会处于一种不满意的状态，这种状态可以激发个体自身的欲望、需求意识，并推动个体寻求可满足自身需求的事物。自身意识与所寻求的对象相契合时，个体就会产生动机，进而主动地开展满足自身需要的实践活动。

马克思主义需要理论是研究思想政治教育接受的重要理论基础，其中个体的需要、个体的不满足对思想政治教育接受有借鉴作用。对马克思主义相关需要理论的借鉴有助于我们达到提高接受主体自身素质、增强接受效果的目的。马克思主义需要理论强调的这种为我性指导着思想政治教育接受工作，促使传授主体在具体的接受活动中以接受主体为核心，使得接受主体在接受活动中能够按照自己的意愿、需要来自觉选择接受对象，满足自身发展的需求。在接受过程中，传授主体应对接受主体的为我性进行合理的引导，及时关注接受主体的需求，在接受主体对教学内容的选择上起主导作用，并为学生创造良好的外

部接受环境。此外，马克思主义需要理论中强调的人的不满足状态对高校思想政治教育接受的研究也起着重要指导作用。在接受活动中，传授主体应该抓住接受主体没有得到满足的方面，寻求多种解决方法，以适当的接受内容，辅以正确的传授方法，使得接受主体的需求得到满足，使得所传授内容真正地为接受主体所接受。

（二）马斯洛的一般需求理论

在马斯洛的需求理论中，人类的需求层次理论是人类动机理论的核心，它包括生理需求、安全需求、归属与爱的需求、尊重的需求，以及最高层次的自我实现的需求。这五种需求逐级递升，具有层次性，被称为马斯洛的需求梯级结构。其中，前两种需求被归为物质类需求，是较低层次的人类需求；后三种被归为精神类需求，是较为高级的人类需求。在马斯洛的观点中，需求是按照由低级到高级的顺序发展的，只有尚未满足的需求才具有促进作用；同时，需求具有层次性、普遍性、多样性、潜在性的特点。人的多种需求可以在同一时期并存，同时这些需求呈现不同的程度，只有那些感觉最迫切、表现最强烈的需求才能引发人们的动机，对人们的行为产生影响。人们的需求并不是严格按照需求层级逐级递升的，五种需求层次也并不是所有人一生中都会产生的。

马斯洛的需求理论是研究思想政治教育接受的重要理论基础，它对高校思想政治教育接受有借鉴作用。马斯洛需求理论揭示的人的行为与需要之间的关系以及人的需求对人的思想的产生、形成以及发展的作用，要求充分关注人的实际需要、重视人的主体意识，这与思想政治教育接受研究中所体现的人文关怀、以人为本的思想不谋而合。目前，思想政治教育接受工作需要运用马斯洛的需求理论，结合高校学生的实际需要，有目的地开展思想政治教育接受活动，提高接受主体的思想素质、道德修养，提高高校思想政治教育的接受效果。

（三）姚斯的接受美学理论

接受美学始于20世纪60年代末，是由联邦德国的汉斯·罗伯特·姚斯和沃尔夫冈·伊瑟尔提出的。美学研究的变革在于实现了作者向接受主体的转变，注重接受主体对作品的接受、反应、感受以及接受主体自身的审美经验对接受效果的影响等。姚斯的接受美学理论重视接受主体对文本的重要意义："只有通过接受者的媒介，作品才会进入变化着的、体现某种连续性的期待视野。而在这样的连续性中，简单的接受将转化为批判的理解，被动的接受会转变为积极的接受，被认可的审美标准将转化为新的、超越这种标准的文学生产。"在他的观点中，"期待视野"指接受主体在自身的成长环境中所积累的对事物的看法、观点，是不断变化的，会随着接受主体自身素质、阅读能力的不断提高而改变；文学作品的价值在于接受主体能否赋予其以新的意义，在于其内涵能否随着接受主体的不断深入理解而得到不断完善和发展，是否能够被接受主体接受。姚斯的“以读者为中心”的接受美学理论以接受主体为整个活动的中心，注重接受主体对文学作品的重新认识。

接受美学理论对高校思想政治教育接受有借鉴作用，对思想政治教育接受问题的研究应该以姚斯的接受美学理论为指导。接受美学中“以读者为中心”的理论对读者及文本之间关系的阐述，为高校思想政治教育接受活动中如何处理教育对象与内容的关系，激发接受主体的主动参与意识提供了依据，将有利于促进接受主体对所接受内容的吸收、内化，进而提高接受效果及接受质量。在整个高校思想政治教育接受过程中，传授主体应时刻以接受主体为中心，关注接受主体的“期待视野”以及“期待视野”在思想政治教育接受过程中的变化，将接受主体的“期待视野”纳入整个传授活动过程，并以此为依据调整自己的传授方法，以适应接受主体的心理变化。高校思想政治教育所要达到的最终效果就是符合接受主体自身的审美经验，促使接受主体在一系列的接受活动中实现自身对接受内容的理解，能够主动、积极地进行接受活动，使接受内容转化为自身的思想，并通过具体行为外化出来。思想政治教育内容可以为接受者带来审美快感以及审美享受，最终实现高校思想政治教育的接受目的。

三、高校思想政治教育接受的障碍

（一）传授主体单向灌输

从思想政治教师这一传授主体的角度来看，思想政治类课程通常为大班授课，一个教师通常要面对近百个学生展开教学活动。相对于小班教学的授课方式，思想政治课难以关注到每个学生的具体动态，师生间的互动频次减少，互动质量也大打折扣。

（二）接受主体不被重视

当前的高校思想政治教育通常从国家发展的需要、社会和谐发展的需要、学校建设的需要出发对学生进行教育，针对学生的集体意识、大局意识淡薄问题大加鞭挞，一味强调集体的需要而忽视接受者个人的需求，有时反而会起到适得其反的效果。接受者的需求、兴趣没有得到重视，这加剧了学生观念中个人利益与集体利益之间的矛盾。

四、高校思想政治教育接受非理想状态的成因

（一）外部环境的不利影响

改革开放的重大举措使我国的经济体制发生了转变，这对改善和提高人民生活水平起到了积极作用，但同时在思想文化方面也产生了一些消极作用。特别是在改革开放初期，贫富差距不断拉大，一些大学生因受到功利主义、“金钱至上”等思想的影响而无暇探求生活的意义与价值。同时社会开放，西方文化大规模入侵，信息大量涌入，这一方面让大学生解放了思想、开阔了视野；另一方面也使有些大学生渐渐难以找到自己的准确定位，无法对自我形成正确的认识和评价，直接影响思想政治教育教学的接受效果。

（二）高校思想政治教育自身的问题

我国长期坚持把高校思想政治教育放在高校教育工作的首要位置，但由于历史原因和国情因素，我国的思想政治教育多以政治观点为主，而以对学生影响较大的思想品德、心理健康、人格发展为辅；且从小学开始，很多知识内容都很相似，教材所举实例更新速度也很慢。这都影响了学生对思想政治教育的态度，认为思想政治教育内容缺乏实用性，进而对思想政治教育更加不以为然。事实上是因为思想政治教育没有真正落实以人为本的教育理念，因此，应该把“教育以人为本”理念真正融入高校思想政治教育。

第二节　高校思想政治教育接受理想状态的实现路径

合理的接受路径可以最大限度地减少接受过程中存在的问题，在接受过程中采取正确的教学方式可最大限度地发挥高校思想政治课的主渠道作用。因此，高校应紧跟时代发展步伐，利用网络开设丰富多样的思想政治教育课程，解决当前接受活动中存在的接受效果不理想的问题。

一、创新高校思想政治教育接受方法

（一）问题导向法

所谓问题导向法，是指在高校思想政治教育接受活动中，以接受主体的思想道德发展水平、社会热点问题为切入点，引导其对问题进行交流、思考、探讨，对所接受内容进行选择、吸收，形成“问题—思考—交流—吸收”的高校思想政治教育教学方法。运用问题导向法的目的在于以接受主体感兴趣的问题

引导接受主体思考并解决问题，引起接受主体对高校思想政治教育内容的兴趣，达到增强接受效果的目的。

遵循问题导向法，需要做到以下几点。

1. 了解接受主体的心理

传授主体在备课尤其是了解接受主体的过程中，应该从接受主体关注的热点问题入手，从接受主体感兴趣的事物入手，从接受主体的思想水平、发展情况入手，尽可能多地收集时下热点问题，选用能够引起接受主体兴趣的热点问题，激发接受主体对接受内容的兴趣，以激发其求知欲。

2. 协助接受主体解决问题

在问题解决过程中，要有针对性地引导接受主体对问题进行思考，鼓励接受主体独立分析、解决问题，促使接受主体在问题解决过程中实现对高校思想政治教育内容的理解、选择、接受，并形成一整套分析问题和处理问题的方法体系。

3. 传授主体积极引导

在高校思想政治教育教学中，传授主体应该利用丰富的资料、完备的教材知识体系，引导接受主体认识接受内容的重要性以及开展接受活动的必要性，引导接受主体主动学习课堂教学内容，对问题进行总结、思考，提高高校思想政治教育接受效果。

（二）案例教学法

《教育大辞典》中提到，案例教学法是在高等学校社会科学的教学过程中通过组织学生对一系列案例进行分析，提出解决问题的方案，从而使学生能够熟练运用相关的专业技能、知识和理论的教学方法。郑金洲教授认为，案例教学法是指在描述具体教育情境的基础上，引导学生分析、讨论这些特殊情境的一种教学方法。综上所述，案例教学法就是以提高高校思想政治教育接受效果为目的，在传授主体的设计、指导下，以高校思想政治教育领域内的真实案例为教学材料，通过对具体案例的描述、分析、讨论，培养接受主体对真实教育情境、高校思想政治教育内容的判断、选择、分析能力，锻炼接受主体的思考能力及将理论应用于实践的能力的教学方法。案例教学法具有实践性、启发性、综合性的特点。

遵循案例教学法，应该做到以下几点。

1. 精选案例

案例是案例教学法的核心，案例的质量直接影响案例教学法的教学效果。

案例具有客观真实性，所选用的材料需最大限度地来自实际社会生活；案例具有典型性，选用的材料所反映的客观事实需要具有代表性、普遍性，能够做到由个别到一般；所选用的案例需要紧跟时代发展的脚步，尽可能地体现当下社会热点。真实的、典型的高校思想政治教育接受主体感兴趣的案例，可以调动接受主体的积极性，使接受主体更好地接触社会现实问题，快速地完成从理论到实践的转换。

2. 分析案例

案例教学法所选用的案例较一般教学过程中采用的例子更加丰富、复杂，传授主体应启发接受主体在案例分析过程中独立地思考、判断，建立起属于自己的思维方式；在面对高校思想政治教育内容时有自己的判断、解读，培养其审时度势、分析、决策的能力。

3. 总结案例

传授主体要准确把握教学进度，以保证能够顺利完成传授课程的任务。同时在授课期间，传授主体要狠抓关键性问题，采用案例教学时必须确保案例的典型性并保证案例脉络清晰。将所教授内容传递给学生后，传授主体也要引导接受主体做好总结并及时反思、反馈，以发挥案例教学法应有的教学效果。

（三）菜单式方法

所谓菜单式方法，是指在高校思想政治教育过程中以小组合作为基本接受形式，传授主体作为接受活动的主导者，为接受主体提供基础性和发展性的学习内容，接受主体在此基础上根据自己的兴趣爱好、发展需要选择接受的内容进行合作学习，以达到提高高校思想政治理论接受效果的教学方法。菜单式教学方法是课程改革过程中顺应接受主体发展趋势的一种创新性传授方法，是高校思想政治教育教学方法中一种重要的方法。运用菜单式方法的目的在于满足不同接受主体的需要，激起每个接受主体的学习兴趣，避免传授主体一言堂、消极灌输现象的出现，使得高校思想政治教育的作用得到最大限度的发挥，提高最终的接受效果、接受质量。

实施菜单式方法应该做到以下几点。

1. 内容定位准确

使用菜单式方法教授什么、学习什么不仅要以教学大纲为依据，还要以接受主体的发展方向为依据。设计菜单式接受内容时，应将教材原有材料与接受主体关注的现实问题结合起来，将高校思想政治教育关注的重难点问题与社会热点相结合，以接受主体的发展思路为依据，形成适合接受主体的菜单式教学内容。基础性菜单满足教学大纲所规定的基础性接受需求，发展性菜单满足不同层次接受主体的接受需求。

2. 尊重接受主体的差异性

菜单式教学方法尊重接受主体的个体发展差异，提供适合各类接受主体需要的学习内容，使得接受主体可以在课堂教学活动中自主选择接受内容、合作伙伴、合作方法，自主交流并得出结论，使得每一个接受主体都能得到最好的发展。

3. 利用网络进行教育活动

传授主体可以利用先进的网络技术，利用线上学习途径，将自己设计的菜单式传授内容通过微信、微博等途径上传至网络。接受主体可以进行课前自主预习，充分了解课程的接收方向、目的，提前了解自己的不足及优势，自主查询资料或相互间进行讨论；接受活动结束后，接受主体也可根据传授主体上传的资料寻找自己感兴趣的内容，拓展自己的知识体系，形成更完备的高校思想政治教育知识体系。

（四）参与式方法

所谓参与式方法，是指在高校思想政治教育接受活动中，以接受内容为出发点，以解决实际问题为核心，根据接受主体的兴趣爱好、发展阶段设计出富有趣味性、挑战性的接受课程，灵活运用形象化、多样化的传授手段，营造和谐、愉悦的传授氛围，以便接受主体积极参与、全员参与的传授方法。通过传授主体、接受主体在高校思想政治教育接受活动中的相互交流，可以实现教与学的相互依存，实现教与学由对立面向统一面转化，共同促进高校思想政治教育接受效果及质量的提高。

遵循参与式方法应该做到以下几点。

1. 灵活运用小组讨论的接受方式

小组的分组应该建立在对全体接受主体充分了解的基础上。组内成员应控制在 5 ～ 6 人，并坚持“组内异质，组间同质，优势互补”的原则，小组间成员、小组内角色应实行良性互换，保证接受主体之间相互作用、相互鼓励、相互进步。合理的分组方式有利于接受主体平等接受机会的实现，在提高接受效果的同时还可以使接受主体学会倾听他人、表现自己、资源共享。

2. 发挥“辅讲”在参与式方法中的作用

“辅讲”是一种在以接受主体为主导的接受过程中，在传授主体的帮助下，由接受主体讲解接受内容的参与形式。参与式“辅讲”的接受内容一般为理论性不强但是能够引发接受主体思考的密切联系现实、正在发生的社会热点问题。“辅讲”只是一种让接受主体站在传授主体的角度对接受内容进行分析、归纳、总结的形式，并不是由接受主体来代替传授主体完成教学任务。“辅讲”式参与方法的目的在于通过接受主体、传授主体之间的角色互换，让接受主体体验自主学习的乐趣，激发接受主体对课堂教学内容的接受兴趣，使接受主体在收获接受内容的同时也能培养自己的表达能力，最大限度地提升高校思想政治教育接受效果。

3. 参与活动贯穿接受主体学习活动全过程

参与式方法以课前参与、课中参与、课后参与三个阶段贯穿高校思想政治教育接受过程。课前参与是接受主体完成课前预习，感知接受内容及具体的实例情景，形成自己的观点的过程；课中参与则是接受主体在传授主体的引导下分析、探讨、答疑解惑、形成完整的课堂接受的过程；课后参与主要体现在接受主体对接受内容巩固、内化并通过具体实践活动外化为自己的具体行为的阶段。

二、发挥高校思想政治教育课堂的主渠道作用

（一）利用课堂强化意识形态教育

利用高校思想政治教育强化接受主体的思想意识，需要传授主体对网络舆论进行着重引导，特别是社会影响重大、比较特殊的事件，主要是从突发事件、社会热点、社会思潮三方面对接受主体的意识形态进行强化。其目的在于用积极的舆论、理性的声音引导接受主体的思想和行为，激励接受主体对社会现实问题进行分析、思考，使接受效果得到提高。

为加强意识形态方面的教育，应主要从以下三方面着手。

1. 引领接受主体关注社会思潮

针对当前我国社会上出现的几种社会思潮，传授主体必须将其进行正确归类，并做到正确区分不同社会思潮的利与弊。因此，在高校思想政治理论课上，传授主体必须要帮助接受主体明辨几种社会思潮，并反复强调马克思主义在我国始终占据意识形态的主导地位，坚持用马克思主义科学理论对接受主体进行意识形态教育。同时，传授主体还必须帮助接受主体抵制不良思潮的侵袭，对出现的错误思潮要时刻保持头脑清醒，将接受主体引向正确的思想方向，以提升接受主体的思想水平，提高其接受效果。

2. 促使接受主体关注与分析突发事件

突发事件，特别是国内外重大突发事件所具有的突发性、震撼性及时效性，对促进接受主体正确认识事件本身及培养其主流意识具有重要意义。因此，高校思想政治教育传授主体必须要对突发事件有灵敏的反应，在事件发生后能立即做出对事件的正确分析，并以积极的态度向接受主体表达自身对突发事件的正确认知，因势利导地使接受主体了解事件的产生、过程及后果，以加强接受主体对主流思想意识的接受。

3. 通过授课积极引导接受主体关注社会时事热点

社会时事热点从某种角度折射出媒体、大众的情感、态度、价值观，也反映出当前社会意识形态观念。从某种意义上来讲，积极引导接受主体关注社会热点是加强意识形态教育的重要途径。因此，传授主体在进行高校思想政治教育过程中，应及时发现并认真选取社会热点，在课上深入分析热点产生的前因后果。对热点中出现的矛盾，应帮助接受主体找到看待问题的正确角度，并协助其运用网络合理表达自身价值诉求，提高自身素质，提高接受质量。

（二）强化高校思想政治教育话语权

高校思想政治教育话语权既包括思想政治教育课堂中传授主体的话语权，也包括接受主体拥有的自我表达权。传授主体的话语权，指传授主体运用接受主体适应的话语来表达高校思想政治教育接受内容以及尊重接受主体的话语表达权。接受主体的话语权，指在课堂接受过程中接受主体所拥有的表达自己话语的权利。进一步强化高校思想政治教育话语权的目的，在于通过正确处理接受主体、接受内容、话语表达之间的关系，建立接受主体、传授主体之间的良好话语关系，营造积极、和谐的思想政治教育氛围，从而提高高校思想政治教育接受效果。

强化高校思想政治教育话语权应该做到以下几点。

1. 传授主体消除自身存在的课堂话语霸权问题

一方面，传授主体应该从自身角度出发，改变自身在接受活动中存在的话语控制形象，改变接受活动中不容置疑式、命令式的话语表达形式，把接受主体视为接受活动中具有平等话语权的个体，合理分配接受活动中的话语权，实现接受活动中人人都可以参与讨论、拥有表达机会的目的。另一方面，传授主体应赋予接受主体质疑自己的权利，促使接受过程中不同思维方式下的话语表达成为可能，实现接受过程话语共享。

2. 增强接受主体在高校思想政治教育中的话语意识

接受主体话语意识的增强需要接受主体、传授主体双方共同努力。在传授主体尽自己努力打破接受过程中话语割裂局面的同时，接受主体需要主动把握并运用自身在课堂教学中的话语权利。传授主体在接受过程中应鼓励接受主体敢于言说、勇于言说，培养他们形成充分展现自我的勇气；同时传授主体需要了解接受主体的话语体系，尊重接受主体以话语形式表现出来的课程思维成果。

（三）发挥传授主体在高校思想政治教育中的人格魅力

传授主体的人格魅力体现在气质、才能、品德等方面，具有无形性、非强制性、渗透性的特点，是教育工作中师生互动的基础，是传授主体自身所具备的能够吸引、影响接受主体的品质。发挥传授主体的人格魅力有利于吸引接受主体的注意力，凝聚课堂力量，活跃课堂气氛，提升教学效率，提高接受效果。

发挥传授主体在高校思想政治教育中的人格魅力应该做到以下几点。

1. 建立完备的知识体系

完备的知识体系是传授主体展现自身人格魅力的源泉，只有学识渊博、才华横溢的传授主体才能实现自身人格魅力的最大限度发挥，使接受主体愿意亲近自己、愿意沟通。高校思想政治教育传授主体需要具备完善的马克思主义理论学科知识体系以及丰富且体系化的教育教学知识。丰富的教育教学知识体系包括教育心理学知识、教育教学基本规律、人文社会科学知识、教学方法知识、社会实践知识。

2. 提高综合能力

综合能力是传授主体发挥自身人格魅力的关键，接受主体倾向于靠近能力强的传授主体，愿意听取他们的看法、接受他们教育。因此，传授主体必须积极参与各项活动，从各方面丰富、锻炼和完善自己，努力提高自身综合实力，使自己具备良好的文字功底、语言表达能力以及灵活应变、凝聚人心的能力，以增强自身的人格魅力。

3. 培养高尚的道德情操

高尚的道德情操是传授主体发挥自身人格魅力的基础，只有具备高尚道德情操的传授者讲解道德，接受主体才能信服。传授主体需加强自身品格与道德建设，积极遵守社会公德，投入提升自身道德素质的实践活动，提高自身涵养、以身作则，用自身具备的高尚情操去影响和感召接受主体。

4. 形成关爱接受主体的真实情感

传授主体的人格魅力首先来自善意和慈爱。在思想政治教育过程中，传授主体需要努力探寻爱的真谛，用爱去包容在发展水平、性格、能力等方面存在差异的接受主体，用真挚的善意打动接受主体，真正走近接受主体、了解接受主体。

三、利用网络平台开展丰富多样的思想政治教育

（一）利用网络的现代性特点

利用网络的现代性进行高校思想政治教育，要把接受活动与网络这一新的载体和时代特征结合起来，实现高校思想政治教育的网络化。要利用网络的现代性特点引导接受主体关注积极向上的信息，并且在正确接受内容的潜移默化作用下形成良好的思想品质，从而促进高校思想政治教育接受效果的提高。

利用网络的现代性特点提高思想政治教育接受效果应该做到以下几点。

1. 利用网络的广融性

网络的广融性内含网络信息横向拓展与纵向深入两方面。横向指知识型与价值型信息的广布，强调信息的本源与评价性认识；纵向指知识的历史包容性，强调不同时间点的信息能同时在网络中出现。随着现代化技术的不断革新，网络的广融性特点不断深化。网络的广融导致接受主体面临的海量信息良莠不齐、真假难辨，但也正是信息的繁杂多样促使接受主体能够找到感兴趣的话题和所需的文章与数据。为了使接受主体能够准确筛选出有用的、积极的信息，在接受活动中，传授主体应适时传授网络信息鉴别技巧，并强调负面信息的危害性，让接受主体在积极向上的价值观引导下有效避免不良信息侵害，并找出符合自身需求的相关内容以促进其在网络大潮下提高自身接受效果。

2. 利用网络的开放性

现代化网络使地球成了“地球村”，网络信息的开放性也为高校思想政治教育接受主体带来了便利。跨地域、跨时限的人际交往成了现实，打破了传统人与人面对面才能实现沟通与互动的狭隘界限。通过互联网，接受主体可以通过比照他人的有益言行，反省自我与群体言论的差异所在，反思自身言行中的不足与错误。同时，当网络中出现与主流价值观相悖的言论时，接受主体亦能通过自我警醒反思自身是否存在此类思想倾向，对可能出现的苗头及时予以遏制。为更好地引导接受主体在网络开放性背景下实现内省，提高接受效果、接

受质量，传授主体在高校思想政治教育课堂中必须教育接受主体分清是非曲直并维护自身合法权益，帮助接受主体更加灵活地运用网络信息提高自身思想素质，提高接受效果。

（二）加强校园网络文化建设

网络文化正在成为高校思想政治教育的重要表现形式。加强校园网络文化建设的目的在于，利用网络使教育内容更容易被接受主体接纳，使接受内容更易于被接受主体吸收，满足接受主体日益增长的精神文化需要，提高高校思想政治教育接受效果。

加强校园网络文化建设应该做到以下几点。

1. 培养校园网络文化建设管理人员

在网络迅速发展的社会背景下，培养一批具备较高政治理论素养且精通高校思想政治教育工作、网络技术的校园网络文化管理人员，是利用网络文化开展思想政治教育工作的保证。传授主体需要积极参与理论学习、实践锻炼，从而使自身具备较强的信息分辨意识、高超的信息处理能力、高尚的信息伦理道德，提高自身的信息素质，使自身符合校园网络文化建设管理人员的要求。

2. 以马克思主义为指导进行校园网络文化建设

校园网络文化建设应坚持以马克思主义科学理论为指导，坚持正确的价值观引导。传授主体在网络文化建设工作中要坚持教育和引导的正确性，积极宣传党的正确方针政策，在对国内外大事的描述和评论上、对西方社会思潮的辨识和批判上，坚持道德底线、法律底线、政治底线；还要致力于弘扬中华民族优秀文化，使接受主体在一系列的高校思想政治教育接受活动中进一步加强民族认同感和自豪感，提高自身的思想素质，提高接受效果。

3. 构建高校思想政治教育网络文化体系

要发挥网络服务于接受活动的功能，必须做到以校园网页为主体，以各部门的特色网页为基础，构建全方位、立体化的网络文化体系。通过设立“新闻专题”“时事政治”“红歌点播”“主题活动”“名家点评”等栏目，营造积极向上的校园网络文化氛围，增加接受主体对校园网络文化的关注度；并以此为基础及时报道高校思想政治教育接受活动最新动态，积极引导接受主体参与其中，将校园网络文化与高校思想政治教育接受活动相融合，潜移默化地进行思想政治教育传授活动。

第八章　高校思想政治教育中的文化融入实践

不管是作为一项实验活动还是作为一门学科，思想政治教育都与文化有着先天必然的联系。思想政治教育的根本属性之一——文化性一直都存在着，只不过在不同的历史时期显现的程度不同。在文化繁荣发展的今天，思想政治教育的文化性越来越突显。本章主要围绕高校思想政治教育的文化底蕴、高校思想政治教育中文化融入的影响因素、高校思想政治教育中文化融入的实现路径展开，主要内容包括文化的含义、教育的文化性、高校思想政治教育的文化功能等。

第一节　高校思想政治教育的文化底蕴

一、文化的含义

迄今为止，关于文化的定义已经有近 200 种，并且没有完全统一的意见。但是它们在所涉及的要素和文化的特征等方面都差不多。按照马克思主义思想中关于文化的释义，其概念就较为宽泛了，其与文明、文学、艺术、观念、思想、精神、意识形态等词语密切相关。

通常来讲，文化指在经济社会全面发展过程中形成的全体社会成员共同的价值观念和行为准则。同时，文化是由社会宗旨和精神价值等形成的思维方式和行为准则，是经济社会发展的核心。关于文化的内涵，可以从以下角度来理解：从狭义的角度来理解，文化主要突显的是其名词属性，指的是观念形态的文化，也就是精神文化；从广义的角度来理解，文化是指物质和精神等所有财富的总和，表现在行为、观念、制度、思想、物质等方面。

文化的性质主要表现在三个方面：首先，文化是通过人的学习获得的；其次，文化有一定的形式并且承载着一定的意义，其体现在不同的载体上会产生不同的形式，如器物、制度、管理等；最后，文化的核心是价值观，价值观支配着文化的发展方向和力量。文化具有政治性、继承性与民族性、时代性与创新性、主导性与多样性、渗透性与持久性等特征。按照不同的标准，文化可以分为物质文化、制度文化、行为文化、精神文化等不同类型；也可以分为主体文化、亚文化、反文化等。

二、教育的文化性

教育作为一种社会活动，具有典型的文化性特征。它是文化的一部分，文化则构成了教育的背景和主要内容。同时，文化也具有潜在的教育力量。

首先，教育隶属于文化。经济社会的发展和人与人之间的互动，从根本上影响着社会文化的发展变化。随着社会主义市场经济的发展，教育、社会和生活的关系越来越密切，在一定程度上，教育已经成为社会文化的一部分。教育是以存在于社会中的各种文化为基础，通过各种文化的积淀而形成的。同时，教育的文化积淀也深刻影响着人们的精神文化生活。

其次，教育内容依托于文化。教育的目的是向人们传递一定的社会文化知识和价值观，这些内容本来就是一定社会精神层面的文化，主要包括一定的社会价值观、态度、信仰等。其中，社会价值观在文化中起着主导作用。

再次，文化具有潜在的教育力量。文化，特别是存在于社会中的先进文化，在大多数情况下都会以一种无形的、潜在的力量影响人们的思想感情，其影响是深刻的、广泛的、持久的。在这种先进文化的无形影响下，人们会不自觉地接受社会所要求的各种规范，不自觉地形成社会所要求的价值观、道德品质和行为模式。这个无形过程及其良好效果，正是教育应该追求的。

最后，教育深受文化影响。事实表明，同一种教育方法，在不同的国家和地区或不同的组织，结合不同的文化背景，会产生完全不同的教育效果，甚至在具体的教育方法上会形成不同的特点。这说明教育与文化有着密不可分的关系，没有文化就不能单独实施教育。换言之，教育在本质上受文化的制约，教育因文化而异。因此，教育具有很强的文化性。

三、高校思想政治教育的文化功能

（一）思想政治教育和文化功能的相关概念

思想政治教育作为社会意识形态的重要组成部分，贯穿于文化与社会的融合过程中，两者不能相互脱离。而文化作为一种软实力，对人们的价值理念、生活方式和行为习惯都会产生很大的影响。思想政治教育是建立在文化基础上的价值观教育，文化是思想政治教育的影响因素，是思想政治教育发挥文化功能的重要因素。

1. 文化功能的界定

文化是“人文教化”的简称，由此可见文化的产生有一定的条件。也就是说，人是文化产生的基础与条件，文化是人类社会的一种专属“语言”。语言和文字是文化产生的基础和工具。而“教化”这个词是文化的核心要素，它的静态含义说明其是一种社会规范，规范了人类社会的精神活动与物质生活。它的动态含义主要是指一种过程和手段，即通过“教化”使得共同规范得以产生、传承以及得到认同。

关于文化的定义，马克思与恩格斯并未对其做出确切的界定，而是用观念、思想、精神等词语来表征其内涵，并常用“文明”一词予以表述。即便马克思与恩格斯认为文化是一个不需要特别去表述与定义的概念，他们对“文化”一词的理解以及对“文化”一词的运用，也经历了一个不断发展的过程。第一阶段：“文化”与“文明”相互通用，体现在其《1844年经济学哲学手稿》《资本论》及《摩尔根〈古代社会〉一书摘要》等巨著里；第二阶段：文化被视为一种知识水平和受教育程度，体现在《英国工人阶级状况》等相关著作中；第三阶段：文化是人类的精神、思想与意识，是与物质相对应的概念，体现在《政治经济学批判》的导言部分及《人类学笔记》等作品中。以上著作对文化的理解程度的不断加深，不仅体现了马克思与恩格斯对文化的关注，同时体现了他们从多角度理解文化的内涵的严谨的理论研究态度。

思想政治教育若以文化的积累与拓展为基点来处理人与社会的关系，会使我们摆脱传统社会中长期存在的社会本位与个人本位之争，从而进入一个全新的境界之中。

而纵观马克思主义经典理论著作中对于思想政治教育与文化的理解，其实可以注意到，无论是社会的发展还是个人的发展，都不能离开文化的积累与拓展。文化作为一种精神产物，它能丰富人的内心世界，激发人们的精神追求，并最终促使人格的形成与提升。文化作为人类社会中上层建筑的重要组成部分，对人类社会的价值构筑意义深远。

文化是一个整体概念，其内在由相互影响的各个部分组成，并依照各自的职能影响着整体功能的发挥。而对文化功能概念的理解，我们是将文化作为一个整体而不考虑其内部的各个组成部分，进而考虑它在整个社会结构中所具有的功能。首先，需要提到的是文化的认知功能，它是指在人类认识世界的过程中对客观事物的认识与了解。其次，文化能满足人的需求。人类的需求分为不同的层次等级，当人类的需求仅仅体现为基本的生存需求时，饮食文化、生存文化便成为人们最基本、最低层次的需求；当人们逐渐追逐更高层次的需求时，精神上的自我价值实现又成为文化的另一种需求。人类的需求在不断被满足的过程中又不断地发展，进而促使人们产生更高层次的需求。而经过需求的不断增长，文化就是在这样一个过程中实现了升华与突破，也是在这样一个过程中实现了自我创新与发展。再次，文化具有调节、规范功能。社会中的典型光辉形象具有规范和调节个人行为的重要作用，在规范观念下形成的文化环境中生活的每一个人都在其制约之中。最后，文化具有整合的功能。思维模式、道德规范、风俗习惯等的一致特性就是所谓的文化认同，文化将其予以规范整合。在此过程中，文化的影响力没有削弱反而不断增强，内容也不断变化更新，使文化更具包容性和引领性。

2. 思想政治教育与文化的内在联系

思想政治教育与文化之间一直保持着密不可分的联系，思想政治教育以其博大精深的理论渊源和理论内涵影响着社会文化的含量和社会文化的发展；而一定的社会文化环境又为思想政治教育的实施开辟了道路，离开了一定的文化环境，思想政治教育就会失去前进的方向，最终导致其载体的缺失。

首先，思想政治教育内在地反映了文化的核心价值，其发展的动力是文化，文化程度的提升必然导致其目标的提升，两者相辅相成。文化的核心价值影响着人们的价值取向，同时也规范着人们的行为，指导着人们的社会实践活动。因此，思想政治教育的目标在一定程度上体现着文化的核心价值。

其次，思想政治教育的内容是文化的重要组成部分，文化在很大程度上为其提供精神力量。思想政治教育作为社会实践活动的一种，它的主要目的是影响人们的政治理念、思想信念以及道德规范。而这些正是一个社会文化先进性的体现，这些内容渗透到社会生活的各个领域，包括政治、经济、精神生活等领域。而在精神生活领域，它影响着人们的思维模式、行为方式、价值观念等，影响着人们的日常生活与行为，并始终潜移默化地影响着人们的心理。

最后，思想政治教育需要依托于文化的教育方法和载体。文化的概念表达了文化的实质，同时其也是思想政治教育的载体，我们称之为“人文教化”。教育的实质是一个使文化内化于人的过程，通过这个过程人类历史中的文明成果内化于人的精神生活，并促使人类全面发展。人类成长于文化发展的过程中，并伴随着文明的发展而不断得到发展。思想政治教育的根本出发点是育人，而育人的目的如何能够最终实现，不仅仅取决于采用的教育方法与步骤，更取决于这个社会的政治、经济、文化发展情况。人们喜爱的文艺形式包括戏剧、电影、音乐等，而思想政治教育手段包括课堂教学、实践活动等，这些思想政治教育的载体和手段会不断提升人们的精神境界与修养。

3. 思想政治教育的文化功能的概念

思想政治教育的文化功能是通过文化的方式武装人们的大脑，来提高人们对不同文化的鉴赏能力，探索每个人在各个方面的内在潜力，挖掘人的道德约束力，努力在培养人的活动中提升个人能力，实现人的全面发展。思想政治教育以文化的不同形态、方式和内容影响人做出文化选择，在育人的社会实践活动中不断达到促进人全面发展的目的。

需要强调的是，近现代思想政治教育的功能已不再单一，并且不断向多元化方向发展，包含管理功能、政治功能、文化功能等。而文化功能是其所有功能中最基础的部分，是不可或缺的奠基石。文化功能对于人类社会发展和进步的意义很大，思想政治教育的本质就是使文化内化于心，是一个文化入心入脑的过程。它通过传承典型、先进的文化，对人们的思想进行正向的引领，使个人的价值观、道德观与时代思想潮流相吻合，在文化交流的过程中实现文化的传承与整合，从而实现文化的发展与繁荣，进而促进人的全面、和谐发展。思想政治教育通过文化引领、文化传承、文化选择、文化整合、文化创新等方式体现出来，再通过各种有效载体使核心价值观和社会准则内化为人们的理论准则，外化为人们的实践标准。它最终使教育客体不断地进行文化的学习与交流、选择与创新，不断地实现人格的提升与内心的升华，不断地实现教育的目标，并不断使人的行为更具主动性和创造性，使社会主义文化事业不断向前发展。

（二）发挥思想政治教育文化功能的必然性

思想政治教育文化功能的发挥有时会存在一定的困难和局限。为了克服这些困难，更好地发挥其功能，我们应该认识到个体主体和社会主体是保证思想政治教育文化功能得以实现的两个关键对象，而同时满足个体需要和社会需要也是思想政治教育文化功能得以充分发挥的关键因素。

1. 实现人的全面发展的客观要求

在思想政治教育的文化功能体系中，人的实践活动是保证其各项功能实现的基础，因为包含思想政治教育在内的全部文化的最终载体都是进行各类实践活动的人。思想政治教育和各类文化、各种文明也是由人创造的，并由人去推动它们的发展，当然也由人来享受它们的成果。马克思在《德意志意识形态》中提到了“人的全面发展”这一概念，并将其定义为对各类事情的处理能力、物质和精神上的各种需求、人同社会之间的关系以及人本身个性的整体发展。这一层面的发展就兼容了在体力、智力上的同步发展以及精神、物质上的协同进步。

思想政治教育不但具有政治号召力和民族影响力，能够将基本的社会规范和社会道德普及给群众，使人们对社会行为的价值观保持统一，而且能够保证人们个性的正常发展，确立自我人格和特有的行为方式。“文化”从字面意思来讲就是“以文化人”，能够在深层次上规范人的行为，形成人的社会角色和内心性格，并将人的个性与社会的共性尽量融合。此外，思想政治教育还可以使人类对世界的认知能力和改造能力得以提升，使人们有更多的空闲时间来进行全面的发展。当前只有将思想政治教育的文化功能显著地发挥出来，才能更好地促进人的全面发展，进而体现出文化功能的必要性。

文化是人类对世界进行认知的方式，也是其结果，所以说思想政治教育的“做人”教育与文化对人的影响是相同的。思想政治工作从根本上来说是做人的工作。发挥思想政治教育的文化功能，摆脱传统的束缚，用先进的人类文化成果灌溉人们的心灵，是以价值理性取代工具理性的方式来定义传统思想政治教育，实现了人类对精神生活发展的需要。

应充分发挥思想政治教育的文化功能，在人们的实践活动中确立一个固定的社会观和价值观，在被普遍认同的社会文化中形成约束和规范个人行为的诸多道德规范。思想政治教育的文化功能促使人们在不知不觉的被引导过程中形成种种规范，以一种较为温和的方式引起人们的自觉性转变，对人们没有任何强制性的要求。通过思想政治教育的形式来实现对人的教育，使人们主观地约束自己，遵守规范法则的要求，同时顺应人类发展的趋势，有助于实现人的全面发展。

2. 提升我国文化软实力的必然要求

软实力是相对于硬实力而言的，包括文化、生活方式和国际机制等诸多要素；硬实力是在一个国家占主导地位的力量，包括国家的经济实力、军事力量、资源和技术实力四大要素。

综合国力是指国家具备的可以保证和实现本国利益的所有能力的总称。其中硬实力是国家实力的物质基础，软实力则是综合国力中对内体现为创造力、对外体现为感召力的一种力量。而文化软实力又是软实力当中的重中之重，所以当前我国强调的先进文化的发展能够显著提升我国的文化软实力。这在某种意义上来说也是提升综合国力的表现。

当前，我国的先进文化建设以社会主义核心价值体系为主要内容。把思想政治教育当作主流文化，是为了大力推广社会主义核心价值体系，在全社会内大力弘扬这一思想体系。也可以说，思想政治教育的进步也会间接推动国家软实力的提升。而国家软实力的提升和进行思想政治教育的主体都是人本身，所期望实现的就是在思想上培养出适应当前社会形势的人。因此，应充分展现出思想政治教育的作用，以文化为手段来培养为提升国家软实力贡献力量的人才。

文化包含精神文化、物质文化和制度文化三类，三者共同构成了思想政治教育的文化功能体系。其中，精神文化和物质文化关系紧密，物质文化是精神文化的基础，精神文化是物质文化的体现。而制度文化则是对精神文化和物质文化的约束，是用不同的方式对文化加以约束进而明确各种关系。制度文化在一定程度上体现了社会的公平，也是不同文化之间相互联系的纽带。所以说，如果要充分地将思想政治教育的文化功能体现出来，就要从物质文化、精神文化、制度文化三个方面入手，这也是社会正常发展的根本需求。

（三）思想政治教育文化功能的具体内容

思想政治教育的文化功能主要体现为用丰富的精神文化指引人们的意识形态，从而培养个体对不同内容和风格的文化的辨识能力、欣赏能力和创造性，提高人们的整体素质。本节现从以下五个层面对思想政治教育的文化功能进行论述。

1. 思想政治教育的文化引领功能

社会价值观是文化的精神引领和价值内核，价值观指的是个体对客观存在的评价与观点。在现实社会中，因地理环境、人文环境、经济水平等各方面的差异，人们会产生对客观事物的不同观点与看法。而文化作为一个不断变化的精神系统，也由于时间、地理位置、经济水平的不同与变化产生了主流价值观与非主流价值观的差异。我们常常认为，主流价值观代表的是文化的更高层次的发展方向，并成为特定历史时期的先进文化的代表。思想政治教育的文化引领功能是对一定时期、一定社会的文化的建构和导引，而文化建构这一过程体现出思想政治教育的内在价值准则——社会主流价值观。思想政治教育在一定程度上受文化的约束，同时也为文化的传承发挥着极为重要的作用。其主要体现为思想政治教育的主体在一定的教学场景中，通过一定的教学手段将社会主流价值观传递给教育对象。而这个过程正是文化迁移的过程，它通过教育对象对先进文化因素的吸收，使得主流价值观从精神层面过渡到具体的物质载体上，并形成主体对主流文化的认同。由此可见，思想政治教育的功能不仅仅是最大限度地促进主流价值观的传播，使主流价值观在与非主流价值观进行碰撞的时候占据优势地位，而且使得特定历史时期的主流价值观保持了最大限度的稳定性。

进行社会主义文化强国建设，就是要加强社会主义先进文化的教育和引领作用，使精神文明和物质文明共同进步和发展，让社会主义文明深入人们的内心。要发挥文化的引领优势，强化对社会主义核心价值体系的深入学习，时刻坚持让核心价值观成为自己行为的引领，形成良好的社会风气，凝聚社会共识；同时还要努力提升公民以思想道德素质为首的综合素质，形成和谐的社会环境和良好社会风尚，大力弘扬中华民族优秀传统文化，让文化引领风尚，并发挥其对人民的教育、大众的影响功能。加强文化引领能够使思想政治教育更具人文关怀，对社会风气的转变起到直接的促进作用，并使教育活动的效果更理想。

2. 思想政治教育的文化传承功能

文化的传承主要分为两个阶段：第一个阶段是“传”，第二个阶段为“承”。“传”意为传统文明，“承”意为现代文明。文化的传承就是在既有文化不停发展的过程中，坚持保有传统文明的面貌并加以传承。只有这样，才能在思想政治教育不断创新发展的过程中逐渐加强对文化的传承。

旧文化与新文化，一个通过筛选而得以保留，一个通过旧文化而不断地发展创新。同时，文化亦有其时代性。因受地理位置、自然环境等方面因素的制约，新文化需以旧文化为依托，通过逐步筛选的过程接纳新的思想，并最终形成新的文化。进而，文化不断地由简单向复杂演变，由低级走向高级，由粗糙走向精细，由野蛮向文明靠近。而这样的结果需要文化进行纵向与横向的不断积累与借鉴。在这样一个循环往复前进的过程中，文化从传统走向现代，不断地走向文明。文化随时代发展而不断更新，是人类实践活动不断积累、总结的产物，为人类的进步服务，通过不断的优胜劣汰、去粗取精而保留、传承。通过这样一个自然选择的过程，落后的文化自然被淘汰，而先进的文化脱颖而出，由此文化必然不断发展。这与恩格斯提出的物质文化资料的再生产理论原理相契合，文化是人类精神生活资料的再融合、再生产的过程。

在这个去粗取精的过程中，思想政治教育不可能把人类所有的文化内容和形式都加以传承和发扬，它必须将最先进、最有影响力的核心价值观提炼为文化传承的核心，将民族的、阶级的最具特色的本民族传统文化凝练为精髓。因此，应将我国优秀传统文化中“自强不息、坚忍不拔”的韧劲、“崇德尚学、厚德载物”的豁达、“胸怀天下、天下为公”等精神精髓传承下去，并从中汲取无穷智慧。

3. 思想政治教育的文化选择功能

文化具有选择功能，文化的选择功能体现了思想政治教育对文化进行了选择，而非全部照搬照抄。这种选择意味着一种批判式的吸收。同样，思想政治教育所选择的世界观、价值观与人生观也决定了这个社会的文明程度。思想政治教育的文化选择功能，实际上是文化的选择、文化的融合及对现实文化的引导，通过主流意识形态、对多元文化的引导和融合及对先进文化的倡导和发展等多种方式来抵制和改造落后文化，并且可以凝聚各种精神文化资源，为自己的阶级利益服务。

随着改革开放的不断深入，在面对多元文化的冲击时，我们应兼容并蓄，对新的文化不能全盘接纳也不应全盘否定，而是要开阔视野、胸怀宽广。面对西方文化的强烈冲击，思想政治教育更应在不断弘扬中国优秀传统文化的同时，吸收与借鉴西方文化中的精华，要使其适应我国文化发展的土壤，进而推动中华民族走向世界、走向未来。要使中华文化的影响力和感召力不断得以提升，同时不断地弘扬我国优秀的传统文化观念，对外国的优秀文化精神成果加以合理的内化和吸收，从而使我国的文化结构更加完善，以此来提升我国优秀传统文化的国际知名度，让人们在文化交流中正确进行文化选择。

4. 思想政治教育的文化整合功能

文化的整合功能，是指在一个特定的历史阶段，通过特定的方式使多元化的文明在一定的基础上形成统一的思想体系与价值追求。这种认同保留了群体成员原有的立场，这种文化的整合功能体现了求同存异的过程，并使文明社会更具凝聚力。全世界不同国家、不同种族、不同宗教信仰、不同文明之间的不断撞击、融合，以及当今信息传播的碎片化、传播容量的海量化、传播方式的多元化，客观上要求思想政治教育能够发挥发展和整合文化的作用。随着我国改革开放的不断深入，现代信息技术更加先进，在意识形态领域的斗争是一个极其复杂并充斥着竞争压力的过程。中西方文化价值理念、思想道德意识之间的矛盾更加突出，马克思主义的主流意识形态逐渐被有意识地弱化，这对我国的传统文化价值观产生消极影响，影响人们的行为方式、生活观念和价值理念。在当代多元文化并存的背景下，思想政治教育任重道远。其不仅要面对多元文化的挑战，还要维护国家主流价值观念，意识形态领域和精神文化的安全对于国家与社会和谐发展而言意义深远。在当今世界文化多元化的大背景下要维护国家意识形态安全、增强我国文化的凝聚力，就要依靠思想政治教育的文化整合功能并将社会主流意识形态传递给受教育者，使各种文化思潮有序发展、和谐共存。

5. 思想政治教育的文化创新功能

文化创新功能是通过培养有创新能力和创新精神的人来实现的。文化是“化人”与“人化”的统一，文化由人创造，同样，文化也创造人，两者相辅相成、不可分割。想要提升民族文化竞争力，使本民族文化处于世界文化的前列，成为世界学术发展领军文化，就要着重培育人们的文化创新能力。思想政治教育的文化创新功能指社会与国家的发展需要创新型人才，在传承传统文化的基础上创新实践课题、创新理论内涵，在继承传统文化遗产的基础上，将新的文化价值理念与旧的文化内容、形式相融合，创造出紧跟时代前进步伐的新文化，从而使文化具有鲜明的时代指向性，使文化适应新的时代发展要求，进而提高文化软实力。

思想政治教育的文化创新功能有三个方面。首先，体现在文化理论方面。思想政治教育是文化创新的主导性力量，也是文化创新道路的主渠道，通过加大对创新型人才的培养力度，可促进社会文化的繁荣发展。思想政治教育不断地汲取新的思想，立足于实践，并且不断更新观念，因此成为文化不断发展的源动力。其次，思想政治教育通过方法、内容手段、载体等方面的创新，在思想领域中展现新的发展领域和新的灵感创造。最后，思想政治教育的创新功能依托于人才、实现于人才。思想政治教育的重要责任就是提高民族文化的竞争力，这就要求我们培养一批具有文化创新能力的人才。思想政治教育的文化创造功能就是通过培养具有创新精神和创造能力的人才来实现的。

全面建成小康社会，将社会主义精神文明作为文化建设的主任务来抓，对人力资源素质提出了更高的要求，要求造就一批名家大师和民族文化代表人物，营造一个有利于高素质文化人才大量涌现的良好环境。归根结底，文明的创新取决于人才，文明社会的进步需要高素质人才。

第二节　高校思想政治教育中文化融入的影响因素

一、影响文化融入的主观因素

（一）社会进步的需要

影响社会文化进步和个人文化素养的主要原因和根本动力是社会进步的需求，社会进步的需求还是影响人们文化需求的首要原因。就像马克思所说：“历史不过是追求着自己目的的人的活动而已。”人是很现实的存在，为了满足个人的不同需求，人们在历史发展进程中不断地做着各种各样的实验活动。

社会进步的客观需要不仅决定了人们对西方文化和中华传统文化的选择，也决定了人们如何改造文化，使其为经济社会发展服务。所有的历史都是现代史。同样，一切历史文化都是现代文化，并服务于现代社会的发展。因此，在传统与现代、东西方的不同语境中，我们应该立足于现代中国的社会背景，合理地吸收、借鉴和改造西方文化和中华传统文化的优秀成果，使之具有中国特色和时代特征，以满足人们日益增长的文化需求。这是选择西方文化和中华传统文化中合理成分的正确途径。

（二）对物质文化生活的期望

经济进步影响着文化的进步程度。因此，社会的经济发展水平也受到人们对文化的需求和抉择的影响。

人们的物质文化生活水平，特别是可支配收入水平，是决定人们文化消费能力的关键因素。一般来说，人们的物质生活水平越高，可支配收入越多，对文化的需求就越大。马斯洛需求层次理论告诉我们，人的需求及满足是有层次的。只有人们基本的身体、安全等物质需求得到满足，才能有沟通、爱和自我价值实现等文化需求。因此，只有满足了基本的物质需求，人们才能产生各种文化需求，实现文化的消费。与基本的物质生活产品相比，文化产品堪称奢侈品。文化产品消费水平与居民可支配收入水平成高度正相关关系。当人们的可支配收入只能满足基本的物质生活时，人们对文化产品的消费就会微乎其微；当人们的可支配收入增加时，人们就很可能把增加的大部分收入用于文化消费，从而大大增加了文化消费的比重。

（三）个人的非理性因素

人既有理性的一面，也有非理性的一面。非理性因素在很大程度上影响着个人的思想、态度和行为，也直接影响着思想政治教育的发展和文化整合的进程。人的理性因素通常包括概念、判断、推理等。人的非理性因素是指人的本能、需要、动机、情感、想象、幻想、直觉、灵感、信念等。这些非理性因素是人们精神世界的一部分，它们是与生俱来的，没有人能摆脱。合理利用这些因素，激发这些非理性因素的积极作用，有利于促进人格的完善和个体的发展，有利于促进思想政治教育功能的发挥。

换言之，人的非理性因素对高校思想政治教育的进步和对高校思想政治教育中文化的融入都有极其重要的影响。这些非理性因素是开展思想政治教育，促进思想内化、行为外化的重要手段。非理性因素以其独特的功能和潜在形式调节着教育者和受教育者的各种认知活动和行为，深刻影响着受教育者的思想道德发展。非理性因素在大学生的受教育过程中起着选择、激励和引导的作用；在高校思想政治教育的双边活动中起着中介作用；在理解高校思想政治教育内容中起着工具性作用；在个人思想转变过程中起着自我控制的作用。

二、影响文化融入的客观因素

（一）文化依赖社会政治结构

文化与政治密切相关，这与高校思想政治教育的政治性是相通的。因此，可以说社会政治因素直接影响着高校思想政治教育和文化的发展。这些政治因素包括政治环境、政治制度、政治结构和政治文化。

1. 政治对高校文化和思想政治教育的影响

文化和政治的联系十分密切，一个社会的政治环境、政治结构、政治制度对文化有着关键性影响。因此，可以说一个国家社会政治制度的性质决定了其意识形态的性质。高校思想政治教育作为调节意识形态的手段，文化建设作为社会主义意识形态的主要动力，受到社会政治制度、政治结构和政治环境的影响。

2. 当代中国政治文明得到进一步发展

自从改革开放以来，中国共产党在提出社会主义物质文明和精神文明之后，又提出了政治文明的概念，要求发展中国特色社会主义民主政治，建设社会主义政治文明。建设社会主义政治文明，就是坚持中国特色社会主义政治发展道路，努力推进社会政治体制改革，建立和完善中国特色社会主义制度。建设社会主义政治文明，要学习人类文明的一切优秀成果，充分发挥人民代表大会制度的作用，进一步健全社会主义协商民主制度和基层民主制度；全面推进依法治国战略，巩固和发展最广泛的爱国统一战线，为经济社会全面发展创造良好的政治环境。

（二）国际外来因素对文化的影响

在改革开放全面推动和经济全球化深入发展的当下，我国经济社会的发展脚步在国际外来因素的影响下逐渐加快。正确认识国际外部因素对我国的影响，需要准确把握和平与发展的时代主题，正确认识世界发展、大变革、大调整对全球发展和中国发展的重要影响。

1. 国际形势发生新变化

在经济层面，世界经济全球化进程中的各种风险和斗争愈演愈烈。经济全球化是世界经济发展的必然趋势，必然对各国，特别是发展中国家产生一定的影响。在经济全球化进程中，发展中国家为了引进资本和设备，学习先进技术和管理经验，发展本国经济，必须放弃部分民族权利，为自己谋求更多的利益。处于资本和技术主导地位的发达国家往往借机对发展中国家进行不同形式的“侵略”，在一定程度上威胁着发展中国家的自主发展。

在政治层面，国际政治形势呈现新特点。冷战结束后，国与国之间的斗争逐渐由“对抗”转向“竞争”，主要表现为经济、科技等综合国力的竞争，以及政治、文化、意识形态等领域的无形渗透。以美国为首的西方发达国家，在经济占主导地位和科学技术先进的前提下，在构建有利于保持现在西方国家主导地位的文化理论和社会思想的基础上弘扬西方文化，民主、人权等思想通过各种手段向他国传播。随着时代的发展，各国在文化领域的斗争更加激烈，甚至西方国家内部也有文化斗争。

在文化层面，世界各国文化各具特色，竞相繁荣发展。20 世纪 80 年代以来，世界各国文化发生了巨大变化，文化在人类社会发展中的作用越来越重要。世界各国越来越重视文化，不断推进文化创新，实现文化多样性，并把促进各种文化繁荣发展作为国家战略的重要组成部分。

2. 和平与发展仍然是时代主题

纵观当今世界，随着经济全球化的深入发展，政治多极化趋势日益明显，文化多样性使世界多姿多彩，高新技术迅猛发展，局部地区动荡，国际政治经济正由旧秩序向新秩序转变，世界正处于大发展、大变革、大调整时期。然而，世界的主题仍然是合作与发展。但是，我们说和平与发展是当今时代的主题，并不意味着世界已经完全进入和平与发展时期。西方发达国家通过多种途径对中国进行“文化渗透”，企图达到对我国进行分化与和平演变的目的。因此，我们在借鉴、吸取西方国家优秀文化成果的同时，也一定要高度警惕西方腐朽思想的侵蚀。

3. 外来因素对个体思想观念和社会文化发展的影响

当下，国际环境发生了深刻变化。在和平与发展的主题下，有许多新特点、新问题、新矛盾不同程度地影响着人们的思想观念。在这些外部因素的影响下，人们的思想、文化和价值观不断发生冲突和碰撞，下面从积极影响与消极影响两个层面展开论述。

（1）积极影响

经济全球化的进一步发展打破了传统国家间的经济壁垒，促进了国家间的经济、政治、文化交流，使世界各国之间的文化互动和交流日益频繁。各国在思想文化、生活方式、经济社会制度等方面相互影响、相互借鉴，有利于相互学习优秀的文明成果。

（2）消极影响

经济全球化进程中的一些全球性问题和人类共同问题为人们提供了一种新的全球性思维方式，形成了全球意识，促使人们形成了一些被各国认可的价值观和行为规范。但这种全球意识也可能在一定程度上解构国家意识形态。同时，一些带有不良倾向的价值观、生活方式和文学作品，对人们的价值观、生活方式产生了潜移默化的影响，可能对社会主义意识形态的发展产生负面影响。在强大的经济力量和先进的科技手段的支持下，西方文化以其巨大的优势吸收了其他国家的文化，使人类文化面临“西化”的危险。世界上各种社会思潮仍然具有明显的西方意识形态色彩和分裂孤立社会主义的性质，这为西方国家实行文化霸权提供了理论依据，在一定程度上动摇了社会主义理想信念。西方国家通过文化意识形态的渗透和扩张，从观念、情感、心理等方面对他国产生影响，是一种重要的力量和手段，代价小，收获大。

（三）科学技术的发展进步对文化的影响

1. 科学技术成为影响国家实力的重要因素

如今，伴随着科学技术的迅猛发展，科技对经济增长的贡献越来越大，有的国家甚至超过 90%。科学技术真正成为第一生产力，成为一个国家综合实力的重要组成部分，成为影响国家综合竞争力的决定性因素，成为衡量一个国家综合实力的重要标志。特别是现代网络技术的飞速发展大大缩短了人与人之间的距离，突破了地理环境和民族国家的障碍，真正实现了国民经济向世界经济的转型。

2. 科学技术对思想观念和文化发展的影响

科技的变革在一定程度上影响和改变着社会生产方式和生活方式、社会价值体系和个人观念以及人们的精神世界。尤其是信息技术的变革和现代网络的发展，直接改变了社会结构和文化发展方式。可以说，科学技术是一把双刃剑。它不仅对人类思想和社会文化的发展发挥了积极的作用，而且也产生了一些消极的影响。

（1）积极作用

科学技术的发展和进步使人们的生产、生活方式更加先进，提高了人们征服和改造自然的能力，不仅有利于提高人们的物质文化生活水平，也有利于激发人们积极的精神力量，实现思想的现代化。科技进步带来的报纸、广播、电视等媒体为文化的传播和发展提供了有效的工具、载体和形式，极大地提高了文化传播的效率。现代互联网的快速发展极大地提高了人们获取知识和信息的速度，为提高自身素质、促进相互交流和实现成果共享提供了有效的平台。它在一定程度上影响甚至改变了文化的属性和形式，在更广、更深的意义上促进了文化的发展和进步。

（2）负面影响

现代科学技术特别是互联网技术的迅猛发展，对各国人民的生活方式和价值观产生了强烈的冲击，为西方发达国家对他国进行文化渗透或意识形态“侵略”提供了便利条件。如今，中国的互联网正以飞快的速度传播到社会发展的每一个角落，而西方国家拥有信息技术优势，提供了大量的互联网信息。他们利用互联网宣扬资本主义的核心价值观。另外，网络世界是虚拟的，网络上充斥着的大量的不良信息，对人们的世界观、人生观和价值观造成了极大的危害，给思想政治教育和社会主义文化建设带来了严峻的挑战。

第三节　高校思想政治教育中文化融入的实现路径

一、加强中华优秀传统文化的传承发展

（一）对中华传统文化要有扬弃地继承

炎黄子孙之所以有着强烈的归属感，正是因为中华民族源远流长的传统文化深深地把我们凝聚在一起。但是我们也不能一味地盲目推崇传统文化中的全部内容，因为随着我国国情的变化及社会经济的发展，传统文化中的许多内容早已与当今时代不相匹配，甚至背道而驰。如何让我们的传统文化在当今时代继续传承发展，这是历史赋予我们的使命，同时也是时代赋予我们的任务。

要解决这一难题，最好的办法就是对中华传统文化进行扬弃继承。只有扬弃继承，才能充分挖掘中华优秀传统文化的精华，才能充分展现其价值，才能充分激发其生命力。习近平总书记用他的实际行动为我们做出了亲身示范：继承中华传统文化的精华部分，并且充分与我国国情、时代特色和马克思主义理论相结合，在赋予传统文化鲜活生命力的同时，在全社会形成传承中华优秀传统文化的热潮。实现扬弃地继承更要充分利用新媒体的力量，微博、微信和各种微视频有着庞大的受众群体、极快的传播速度和可观的浏览量。要真正做好扬弃继承，还需要信息发布者、平台的审查者和国家的监管者多方面共同努力，让规则成为习惯，为传统文化的扬弃继承创造条件。高校作为知识传播的重要阵地，就更要注重对传统文化中精华与糟粕的甄别，通过高校思想政治教育课程，把中华优秀传统文化中吃苦耐劳、积极上进等优良传统美德传承下去。传统文化的扬弃继承更离不开个人的努力，只有在思想上真正树立良好的传承优秀传统文化的意识，才能不断提升自身能力，在面对传统文化时才可以做出正确的判断，真正做到对中华传统文化的扬弃继承。

（二）对优秀传统文化进行创新性发展

对中华优秀传统文化进行创新性发展，就是以优秀传统文化为底蕴，充分发挥现代人们的创新性，把优秀传统文化与现代文化形态的新内容相结合，从内容和形式上进行创新性发展。

一方面，中华优秀传统文化创新性发展的重点是内容的创新。目前，我国坚持以马克思主义理论为社会主义先进文化的引领方向，因此，必须使优秀传统文化的内容与马克思主义理论进行充分融合和创新。这不仅是优秀传统文化

传承的需要，更是建设中国特色社会主义文化的需要。

另一方面，要充分利用当代新兴传播媒介，让中华优秀传统文化在传承方式上加以创新。面对层出不穷的各种新兴科技，我们在体验新鲜感的同时，不妨赋予中华优秀传统文化以更加时尚的方式，让这些古老的文字变得鲜活可爱起来，在新的时代焕发出新的活力。近年来，《中国诗词大会》《经典咏流传》《国宝档案》等观众喜闻乐见的电视节目用一种流行、时尚的方式，把中华传统文化展现在观众的面前，不仅满足了观众的视听需求，也以一种创新的方式为中华优秀传统文化的传承做出良好的示范。以中央频道播出的《经典咏流传》为例，其中一期把白居易的经典长诗《琵琶行》改编成流行歌曲，不仅是对优秀传统文化的创新性表达，更让人耳目一新，充分激发了广大群众对古老的优秀传统文化的学习热情。作为新时代潮流引领者的高校大学生，更应该通过创新赋予古老的优秀传统文化以新的活力与生机。他们对创新更有话语权，也更加了解青年一代对文化形式与内容的需求。这些都为他们对中华优秀传统文化进行创新性传承奠定了基础，也成为他们不断探索和激发学习热情的动力。

二、营造中华优秀传统文化进校园的浓厚氛围

常言道，“近朱者赤，近墨者黑”，外在环境对人的成长发展有着重要影响。在当今社会，大众传媒所产生的舆论宣传作用不容小觑。特别是在各种新媒体大量出现，信息传播速度越来越快和传播范围越来越广的形势下，如何利用好舆论宣传工具，为中华优秀传统文化融入高校思想政治教育营造良好环境和氛围，值得我们认真思考。在这一过程中，各相关部门要相互配合，充分利用有效载体和平台发挥宣传教育主阵地作用，以激发高校学生主动学习中华优秀传统文化的热情。

（一）优化传统文化传播的载体和环境

由于社会经历和人生阅历不足，高校学生的世界观、人生观和价值观还未最终成形，对纷繁多变的世界缺乏一定的判断能力，这就导致他们的思想极易受到外界因素的影响。从目前的情况来看，随着文化多样性的发展，一些学生也确实受到了不良社会风气、错误的价值观等的影响，其人生发展道路偏离正常轨道。因此，优化社会环境，营造健康、和谐、有序的社会环境，把中华传统文化的优秀因子嵌入社会生活的各个方面，必将对中华优秀传统文化融入高校思想政治教育产生积极作用。

随着现代信息技术，特别是互联网通信技术的快速发展，传统文化的传播方式正在发生深刻变革，这使得思想文化的传播速度、途径和方式较之前有了

翻天覆地的变化。当前，除了报纸、电视、广播等传统信息传播媒介之外，微信、微博等新兴传播媒介越来越多地出现在我们的日常生活中。这些新的信息传播媒体符合时代发展趋势，容易被高校学生群体接受。因此，各级教育行政主管部门、各类高校及教师要在充分利用传统媒体的基础上主动利用自媒体、新媒体，抢占舆论宣传阵地，把握舆论宣传主动权，发挥它们在优秀传统文化融入高校学生思想政治教育中的作用。

1. 积极开辟舆论宣传新阵地

当前，与报纸、电视、广播等媒介相比，网络成为高校学生获取信息的主要来源。特别是在手机、平板电脑等移动信息终端日益普及的情况下，更是如此。手机、平板电脑等移动信息终端不仅是社会大众每天都离不开的产品，也成为高校学生每天须臾不离的对外联系媒介。

各高校可以充分借助已有的学校网站、相关论坛、微信等媒介，通过组建QQ群、微信群等方式，加强学生对优秀传统文化的学习交流，抓住新型传播媒介在舆论宣传方面的优势。要通过有效的互动交流，引导学生主动参与到中华优秀传统文化的学习中来。

高校及思想政治教育工作者要充分利用网上阅览室、网上图书馆等网络平台，并根据实践需要开发建设新的网络平台，巩固网络文化矩阵，强化网络宣传阵地。要联合党委宣传部门、党支部、团委、学生会等党团社团组织，开发一些高校学生喜闻乐见的、包含优秀传统文化元素的网站、游戏软件、聊天软件等，以此吸引学生。要充分利用这一平台开展思想政治教育活动，激发高校学生对优秀传统文化的学习热情，实现寓教于乐。

此外，网络主管部门和高校应高度重视网络对高校学生的影响，本着对学生负责、对国家和民族的未来负责的态度，加大对网络的监管力度，采取有力措施进一步净化网络环境，特别是净化校园网络环境，营造健康又积极向上的校园网络文化氛围，给高校学生以正确引导，为中华优秀传统文化与高校思想政治教育的融合营造良好的网络环境。

2. 根据时代发展需要与时俱进

从历史发展规律来看，传统文化不是一成不变的，而是随着时代的发展不断发展并推陈出新，以适应时代发展的需要。我们在加强舆论宣传的过程中，也要根据时代发展需要，既注重挖掘中华优秀传统文化中的思想精华，又要正确认识中华优秀传统文化，以增强其对高校学生的吸引力，增强学生学习中华优秀传统文化的自觉性和主动性。

（二）加强优秀传统文化建设

优秀传统文化是中华民族的瑰宝，无时无刻不在影响着我们的生活。从历史发展情况来看，自中华人民共和国成立以来，我国在优秀传统文化传承、弘扬等方面的建设相对滞后，已远远不能满足人民群众对中华优秀传统文化的需要。

1. 加强优秀传统文化进校园

校园传统文化的建设和开展情况，直接影响高校学生对中华优秀传统文化的学习兴趣。因此，优秀传统文化对高校和高校学生而言都至关重要。在进行校园环境建设时，高校应从实际情况出发，在条件允许的情况下尽可能多地把优秀传统文化元素融入校园建设，构建蕴含丰富优秀传统文化元素的校园环境。比如，修建优秀传统文化景观、古代和近代文化先贤大儒的雕像，在显眼位置镌刻经典名言警句等，拉近高校学生与中华优秀传统文化之间的距离，使他们可以在日常生活中直观感受和认知中华优秀传统文化，在无形中接受中华优秀传统文化的影响，达到“润物细无声”的教育效果。

2. 营造良好的家教氛围

古人云：“身教重于言教。”父母是子女的第一任老师，父母的言行对子女的成长来说至关重要，对子女有最为直接的影响。高校学生虽基本都已成年，但由于人生经历、社会阅历不足，缺乏对事物的正确判断能力，所以家庭环境、父母的言行举止对其影响依然巨大。因此，营造一个“老吾老，以及人之老；幼吾幼，以及人之幼”的和睦友善的家庭氛围，对高校学生思想道德品质、人文素养等的养成和提高具有重要作用。在此过程中，父母要以身作则，以实际行动引导子女继承和发扬包括中华传统美德在内的优秀传统文化，保证子女沿着正确的成长道路前行。

三、拓展优秀传统文化进校园的实践途径

（一）运用图书馆资源加强优秀传统文化文献资源建设

高校图书馆和档案馆作为知识宣传及教育机构，担负着普及科学文化知识、传播先进文化、弘扬优秀传统文化以及融合多元意识形态的使命，是传承和弘扬中华优秀传统文化的重要载体。为了充分发挥高校图书馆等载体对优秀传统文化的传承作用，就要从图书馆等教育载体出发，合理优化高校图书馆的文化环境；合理规划馆舍的布局，清楚高校图书馆各个功能区的分布，为广大师生

查找资料和书籍提供最大限度的便利，以更加高效地完成查找工作。同时，也要充分利用现代科技，安装和配置更加方便读者使用和阅读图书的设备；还可以在休息区适当地播放一些轻柔舒缓的音乐来营造温馨轻松的阅读氛围，充分发挥图书馆的文化熏陶功能。图书馆的服务质量也是十分重要的，首要原则就是以人为本，真正做到以读者为中心。要做到尊重知识和人才，因为读者积极使用图书馆才是图书馆生存的真正价值和现实意义所在，只有营造更加人性化的图书馆阅读和学习环境，才能激发大学生的阅读兴趣，进而才能对优秀传统文化进行弘扬和传承。

（二）组织学生参加优秀传统文化沙龙等社团活动

社团活动是大学生高校生活中的重要组成部分，占用了大学生的大量课余时间。充分利用高校各种社团活动，对中华优秀传统文化在高校的传承有着重要的作用。这种潜移默化的、非强制性的影响方式，不仅能够吸引真正热爱优秀传统文化的大学生，还能通过社团活动的影响力吸引更多的大学生加入传承优秀传统文化的队伍。在形式上，可以是学校组织的传统意义上的社团活动，也可以是具有时代特色的新型社团活动，多种多样的社团活动在丰富大学生课余生活的同时，还可达到传承中华优秀传统文化的目的。社团活动可以分为传统型文化类社团活动、传统节日等民族性社团活动和具有时代特色的创新性社团活动。

首先是传统型文化类的社团活动。这类活动在高校中较为普遍，一般以读书会、文化沙龙、演讲比赛和图书漂流等形式展开，通过直接接触优秀传统文化的内容引发大学生思考，以达到传承优秀传统文化的目的。这类活动具有一定的文学性，对参与者的文学素养要求较高，因此参与者多为相关专业或者热爱优秀传统文化的大学生，总体来说参与度较低。

其次是传统节日相关的文化活动，如端午赛龙舟、冬至包饺子等。这些活动可以使大学生了解传统节日的活动形式以及风俗习惯，体验不同的活动方式和风俗。这类校园活动专业性不强，大学生的参与度较高，学生不仅能够感受节日的氛围，而且也达到了传承优秀传统文化的目的。

最后是具有时代特色的创新性社团活动，如一些表演优秀传统文化中的文学作品的话剧，还有漫画社中针对中国古代人物进行的角色扮演。这类活动通过穿汉服、行汉礼等新颖的活动形式吸引大学生，把中华优秀传统文化与时代流行元素相结合，让传承优秀传统文化的形式更加符合大学生的需求。

参考文献

[1] 张雷. 传播理论与大学生思想政治教育有效接受研究 [M]. 杭州：浙江大学出版社，2015.

[2] 杨晓阳. 新媒体背景下高校思想政治教育创新研究 [M]. 延吉：延边大学出版社，2017.

[3] 黄慧琳. 高校大学生思想政治教育与创新能力培养探索 [M]. 成都：电子科技大学出版社，2017.

[4] 吴平，刘琦. 高校大学生素养与思想政治教育研究 [M]. 成都：电子科技大学出版社，2017.

[5] 张世欣. 思想政治教育的人学解读 [M]. 杭州：浙江大学出版社，2018.

[6] 张金秋. 当代大学生思想政治教育模式构建与实践探索 [M]. 北京：新华出版社，2017.

[7] 许建宝. 微时代背景下的高校思想政治教育 [M]. 长春：东北师范大学出版社，2017.

[8] 齐立石. 大学生思想政治教育 [M]. 成都：电子科技大学出版社，2017.

[9] 孙爱春，牛余凤. 思想政治教育原理与方法 [M]. 北京：光明日报出版社，2018.

[10] 高姗姗. 高校思想政治教育与文化融合研究 [M]. 石家庄：河北人民出版社，2018.

[11] 行连平. 新媒体时代高校思想政治教育模式探究 [M]. 北京：九州出版社，2018.

[12] 常佩艳. 文化视野下高校思想政治教育实践研究 [M]. 北京：九州出版社，2018.

[13] 秦世成. 全媒体传播环境与高校思想政治教育 [M]. 北京：首都师范大学出版社，2018.

[14] 田宇飞，于樾．“互联网 +”背景下高校思想政治教育的创新路径 [J]．现代交际，2020（17）：172-174．

[15] 李勇，杜文娟．“互联网 +”背景下高校思想政治教育研究 [J]．科教导刊，2020（26）：82-83．

[16] 袁佳佳．新时代高校思想政治教育模式创新路径分析 [J]．科教文汇，2020（9）：43-44．

[17] 谢赛银．新时代高校思想政治教育的创新发展及其理念转换：基于教育现代化视域的思考 [J]．河北师范大学学报（哲学社会科学版），2020（5）：133-140．